産経NF文庫
ノンフィクション

モンゴル草原の歴史戦

中国から民族の誇りと歴史を守った手写本

楊　海英

モンゴル草原の歴史戦——目次

プロローグ　15

第一章　手写本の世界　23

チンギス・ハーン以来の知的伝統　23

手写本とは何か　31

名誉とステータスの象徴　31
女のテキストと男のテキスト　43
漢籍に頼る研究には限界がある　53
資料公開の危険性　58
名誉を収集するという方法　61

激動のなかの手写本 65
カトリック教会にのこった手写本の運命 66
新しい文献を発見した「賢い英雄」 71
『モンゴル秘史』のロマン 76
今も新たに生まれる手写本 78

第二章 モンゴル語年代記——英雄たちの歴史 87

『真珠の数珠』とは？ 88
五色の史書 88
外国人探検隊と年代記 95
モンゴル人と『真珠の数珠』 99

年代記の編纂者たち 104
貝子バダラホ 105
チンギス・ハーンを語る有資格者 111
ガンジョール・スメ寺の学僧 118
『真珠の数珠』にみるモンゴル史 126
王の系譜―草原の民の統治スタイル 126
「伝国の玉璽」―中国のモンゴル・コンプレックス 128
清朝はチンギス・ハーンをどうみていたか? 131
歴史書がいくつもある理由 133
第三章 草原の医学書 137

草原と北京のあいだ　138

嵩祝寺の興亡　138

嵩祝寺へ赴いた医学者　146

草原の医学者たち　151

清廉な役人―ナソンバト　152

求道者の弟子―バトチロー　154

民間の名医―ガンジョールジャブ　160

手写本の包と表紙が語る歴史　162

モンゴル医学の発展　164

インド・チベット医学の北進　164

シャマニズムの治療法　167

驚異の医学書『四部医典』 170
チベット人とモンゴル人の価値観を伝える『四部医典』 174
臨床医学の書『ランタブ』 178
二種ある『ランタブ』の翻訳本 178
『ランタブ』の成り立ち 184
『ランタブ』の医学的特徴 188
先進的な概念とむすびつく解釈 188
モンゴル人医学者の活用例 191
第四章 激動の時代と草原の文人たち 197

革命家と民族文化のゆくえ 197

教科書としてつかわれた手写本 200
「小さな婿」という存在 208
少年オーノス、革命割拠地をめざす 212
すべてが狂った社会主義時代 215
のこされた文化喪失の遺恨 220

詩人たちの群像 225

革命家とされた詩人ゲシクバト 226
詩歌がになった伝統教育 232
大衆を鼓舞する歴史詩文 238
モンゴルそのものの文化を批判した詩人 241

チベットの詩人の名を借りて　246
憤怒死した王の婿―革命期の混乱のなかで　248
美男薄命　253

第五章　革命と僧侶たち　259

活仏とゲセル・ハーン　259
「反革命的な」ラマたちの思想改造　265
説教するゲセル・ハーン　266
歴史を映す信託　268
ボクド・ハーンの精神世界　271

奉天と北京の王座をねらう革命精神　276
社会主義の到来を明察していた活仏　286
活仏は古代突厥の伝統をうけつぐ　288

現代へむけて　292
一九四五年秋でとぎれた系譜　292
対句の精神——新しい歴史の幕開き　295

エピローグ　301
参考文献　308
文庫版のあとがき　323

モンゴル草原の歴史戦

プロローグ

明治二〇年代、単騎ユーラシア大陸を横断した男がいた。新生の近代国家日本の参謀本部に属する情報将校、福島安正《やすまさ》だった。福島の活躍は当時の日本で大きな話題となった。そして福島は大国ロシアの隣、清国《しんこく》の北辺に位置する蒙古《モンゴル》の状況を日本に報告している。自らの目でみたモンゴル人の生活を日本に伝えたのは、これが最初であるかもしれない。

大正と昭和にはいってから、特殊な任務をおびた大陸浪人や探検家たちがモンゴルの南東部に突入した。満洲を日本の生命線とみなしていた人たちは、モンゴルをも射程にいれて、満蒙《まんもう》とまとめて呼んだ。満蒙には貧しい農家の二男や三男からなる開拓団が国策の一環として送りこまれた。満蒙に住みついた日本人は地平線に沈んでゆく真赤な夕日をみて感動し、開拓の悦びをかみしめていた。開拓団によって故郷を追いだされたモンゴル人遊牧民や先住民の満洲人、それに高麗系漢人のことなど、誰も気にしていなかった。彼らに関する知識も情報もなかった時代において、満蒙はまさに無人の荒野のように映っただろう。

一部の読書人のあいだでは、源義経が大陸にわたってチンギス・ハーンになった、という言説もはやった。義経が活躍した大地ならば、当然、日本人もかの地に帰ってゆく権利をもつ。満蒙を越えて「同文同種の中国」に対して生死与奪の権利を主張するのと同じような論理だった。

大東亜戦争の末期、ソ連の参戦で状況は一変した。満洲国に駐屯していた関東軍の一部は自国の民を放りだして一目散に逃げかえったため、武器をもたない開拓者たちは大きな代償をはらった。彼らの記憶のなかで、真赤な夕日に鮮血がかさなるようになった。無数の婦人や児童が残留し、開拓者によって追いだされていたモンゴル人や漢人すなわち中国人と暮すようになる。その間、モンゴル人は日本人を守り、中国人は難民に襲いかかった。

このように、戦前の日本から眺めた蒙古《モンゴル》は、生身の人間がさほど登場しない荒野にすぎなかった。

では、戦後になってから、日本のモンゴル観はどう変わったのだろうか。

モンゴルはもはや満洲人と結びつけて語る存在ではなくなった。世界で二番目の社会主義国家をつくったのはモンゴル人だし、中華人民共和国やソビエト社会主義連邦にもモンゴル人が自治共和国や自治地域内で暮していることが知られるようになった。そして、モンゴル人たちが三つの社会主義国家に分断して居住している現実は、日本の戦前の行為とは決して無関係ではない、と薄々と気づいた良識者もいた。戦車兵として「無人の満蒙」に駐屯していた司馬遼太郎である。

『街道をゆく5―モンゴル紀行』（一九七八）、『草原の記』（一九九五）のなかで、司馬遼太郎はひとりのモンゴル人女性を登場させている。満蒙を経験し、ソ連領ブリヤート共和国と中国内《みなみ》モンゴル自治区、そしてモンゴル人民共和国を転々とし、運命に翻弄されながらも強く生きる女性の姿は、司馬遼太郎の文章をとおしてお大勢の日本人たちに知られるようになった。

司馬遼太郎は豊富な歴史学的な知識を駆使し、ときおり満蒙での経験をよみがえらせながら、一モンゴル人女性を描いている。そして、そこから独自のモンゴル観をつぎからつぎへとうちだしている。名著『草原の記』に以下のような文がある。

モンゴル人は、わずか数百万ながら確固として存在し、他民族にくらべて卓越した肉体と知力をもっている。ただ奇跡的なほどに欲望少なく生きている。その欲望のすくなさについて的確に説明しにくいが、かねがね彼らの存在そのものが詩的であると私は思ってきた。

日本はやはり特別な存在だから、立ち遅れたアジア世界のなかでいち早く近代化を実現し、戦後においても高度成長をやりとげた、という無反省な思潮に対するアンチテーゼとして、司馬遼太郎は、「(モンゴル人は) 他民族にくらべて卓越した肉体と知力をもっている」と表現しただろう。それはそれとして、モンゴル人は「奇跡的なほどに欲望少なく生きている」という賛辞も、冷静にうけとめなければならない。

司馬遼太郎の見方はまちがいではないが、補足的な説明が必要であろう。なにごとに対しても無欲なわけではなく、物質的な欲望、もっと正確にいえば、累積的に蓄積された富に対する無欲であろう。その無欲は決してモンゴル人がみな高貴な情操をもっているからではなく、遊牧という生活を彼らがいとなんできたからであろう。司馬遼太郎も『草原の記』の別のところでつぎのように解説している。

遊牧民は、古来、物を貯えない。不必要に多量な什器や衣類を持てば、移動ができなくなってしまうのである。このような累世の慣習のために、たいていのモンゴル人は物をほしがる心を削ぎおとされていて、むしろ日常かるがると移動することを愛してきた。

つまり、累積的に貯える物質的な富に無関心ではあっただろうが、移動する富、活きた富には大いに興味があった。何百頭、何千頭もの家畜の大群をもつことを、草原の民なら一度は夢みる。そしてもう一つ、ユーラシアの大地をゆきかうさまざまな情報と知識に、遊牧の人たちはたいへん敏感だった。「百頭の家畜をもつよりも、百人の友《とも》をもて」、ということわざは彼らの価値観をあらわしている。知識と情報、そして友を有すことは名誉である、と認識されてきた。

歴史の趨勢のなかで、情報や知識に敏感に反応し、かつ、それらを有効に管理、運営できたときに、帝国は誕生する。モンゴル帝国がその好例である。一三世紀の当時、南宋や金王朝のような農耕都市世界、中央アジアのオアシス国家ほど備蓄された物質的な富は、モンゴル高原にはなかった。しかし、彼らは絶えず移動することによって、ユーラシアの東西の情報をキャッチしていた。くわえて機動性にとんだ軍事力もあった。それらを天才的に運用できる人物が出現したとき、ユーラシアを跨ぐ大帝国が出現したのである。

モンゴル帝国の成立によって、それまで個々の歴史をあゆんでいた東と西の世界が一つとなり、ユーラシア世界の出来事は相互に因果関係をもって連動するようになった。ここにいたって、真の意味での「世界史」が誕生した、という学説を日本の歴史学者たちはうちだしている（杉山正明『大モンゴルの世界』、一九九二年ほか）。パクス・モンゴリカ（モンゴル統治下の平和）の時代をへて、産業革命へと鼓動がはじまったのである。最近では、初期グローバリゼーションの時代だと表現する研究者も現れた。

大帝国時代を経験したあとのモンゴル人にとって、域内の文化はすべて身近な存在となった。中華のものであろうが、インドやチベット、それにペルシャ起源のものであろうが、それらを客観化し、取捨選択して導入する力をそなえもつようになった。あらゆる外来の文化がモンゴル化し、新しいかたちで開花していった。

要するに、モンゴル人も貪欲な人びとである。彼らは特に自分たちの歴史や生き方を語るのに熱心だった。自分たちの精神世界を築きあげるとき、彼らは長編叙事詩をもちいることもあれば、農耕・都市の住民たちと同じように文字をつかうこともある。

そして、彼らは膨大な量にのぼる文字資料をのこした。モンゴルは、さまざまな外国人にいろんな角度から語られてきたが、自分たちの言葉でみずからを語るのも好きである。

福島安正がシベリアとモンゴルの探検から帰国したあとも、しばらのあいだ、日本の研究者たちはひたすら古代の中国人が書きのこした漢文資料をもちいてモンゴルを研究していた。このようなやりかたは、北京の北にある長城という辺塞《へんさい》の上からモンゴル草原を眺望するのと同じように、一種の「塞上学《さいじょうがく》」だった。戦時中、満鉄調査部や財団法人・善隣友好協会、それに外務省調査部は一所懸命にロシアやソ連の研究成果を翻訳した。モンゴル語資料をふんだんにつかったロシアやソ連の研究は日本の学界に大きな衝撃を与えた。塞上から降りて草原に入ってゆかなければならないことを、すこしずつ分かってきたのである。

本書は、モンゴル人たちがどのように自分たちを描いてきたかを示そうとするものである。いわば、モンゴルの貪欲な階層、草原の文人たちの精神世界を紹介するものである。天幕に住む知識人たちはなにを書き、どのように自分と周囲を理解してきたのか。近現代を生きた彼らは、一三世紀のときの祖先らと同じように、決して孤立した存在ではない。中国や日本、そしてロシアなど、多くの隣人たちとのネットワークのなかを力強く生きてきたのである。

本書は、書かれた第一次史料と、その書き手たちの生き方が披露するモンゴルの近現代の歴史である。

第一章　手写本の世界

騒乱と戦乱が、過去のできごとを証明する文書の保存を困難にした。モンゴル人の歴史は、とりわけ戦乱に満ちている。それにもかかわらず、モンゴル人は中央アジア諸民族の中では、最も多くの歴史書を持っていることが、ますます明らかになっている（ハイシッヒ『モンゴルの歴史と文化』）。

チンギス・ハーン以来の知的伝統

歴史観ほど単純明瞭な思想はなかろう。モンゴル人の歴史観はすべてチンギス・ハーンとむすびついている。ここに、現代内モンゴル自治区に暮す民間の若い詩人が書いた作品がある。

チンギス・ハーンという男は
目にいれても痛くない存在だ。
チンギス・ハーンという永遠《とわ》なる名は
夜な夜な夢にはいってくる。

およそすべてのモンゴル人にとって、チンギス・ハーンはじつに身近な存在である。モンゴルと一部のテュルク系民族の人びとはチンギス・ハーンを理念的・精神的な祖先とする。チンギス・ハーンを敬愛するモンゴル人の気持ちは（写真1、2）、自分たちの民族の開祖に対する、世界のいかなる民族の愛情よりも深い、とモンゴル人たちは自認している。草原の遊牧民だろうと、農村の住民だろうと、モンゴルやカザフと自称している以上、チンギス・ハーンにまつわる話を一つや二つは語れる。チンギス・ハーンについての語りのなかに、おのずから自分たちの「居場所」もはいっている。かならず自分もなんらかのかたちでチンギス・ハーンとつながっている、とみている。このつながりこそ、彼らの歴史認識である。

ユーラシアの遊牧民社会のなかで、チンギス・ハーンを直系の祖先とみなす人びと

写真1　モンゴルの民間に伝わるチンギス・ハーンの肖像画。一説では1930年代に現地に進出した日本軍が明治天皇をモデルとして創作したのではないかとも伝えられている。モンゴル人にとって、誰が描いたかは、特に問題にならない。1941年1月6日づけの雑誌『青旗』にも同写真が載っている

写真２　13世紀から維持されてきたチンギス・ハーンの祭殿・八白宮に参拝する南モンゴルの少年たち。民族の開祖への敬愛の言葉を白い絹につづって献上している。1992年春撮影

はモンゴルやカザフに大勢いる。彼らはそれを証明する家系譜をもっており、まわりの人びとからも認められている。モンゴルの場合だと、彼らはタイジとよばれる。タイジとは漢語の「太子」からの音便である。タイジは貴族の身分で、一九二四年以前のモンゴル人民共和国と一九四九年前の内モンゴルではさまざまな特権が彼らにあたえられていた。タイジ以外の庶民は、ハラチョースといい、「黒い人びと」の意味である。タイジたちはチンギス・ハーンと血縁的につながっていることを語るが、「黒い人びと《ハラチョース》」の場合だと、自分の出身部族や氏族がチンギス・ハーンとどのようにかかわってきたかなど、精神的なつながりを強調する（中央アジアのカザフやウズベク人のなかにもチンギス・ハーンの直系子孫がいるが、それについては別の著作で論じる）。

一七世紀以降、モンゴル人の故郷のほとんどが満洲人の清朝の支配下に入った。それまで自由にモンゴル高原と東部ユーラシアを行き来し、遊牧していた人びとはそれぞれ特定の地域に固定させられるようになった。半遊牧・半狩猟民の出身である満洲人たちは、大地を自在に移動する民の力を熟知していた。その力を削るための政策が、定住化である。これらの地域には旗《ホショー》や盟《アイマク》といった軍事・行政組織が設立された。旗や盟の長官にはチンギス・ハーンの直系子孫たちが任命された。旗の長官は札薩克《ジャサク》といい、彼らには貝子《ベイス》、貝勒《ベイレ》、公《グン》などの爵位があたえられた。民間では札薩克《ジャサク》を王《ワン》とよぶことが多かった。

現在では普通につかわれるが、もともと「内《ウブル》モンゴル」や「外《アル》モンゴル」というような言い方は一般的ではなかった。モンゴル人自身もそのような認識を基本的にもっていなかった。清朝末期から少しずつではあるが、乾燥したコビ草原以南のモンゴル諸部を内《ウブル》モンゴル、それ以北を外《アル》モンゴルとそれぞれよぶようになった。清朝時代、いわゆる内モンゴルには六盟四九旗、外モンゴルには四盟八六旗があった。清朝はまた、あらたに征服したジュンガル・ハン国や青海地域のモンゴル人社会にも盟旗制度を導入していた（地図1）。

旗の札薩克《ジャサク》たちはきまった時期に清朝の首都北京に赴き、満洲人の皇帝に会い、忠誠な態度を表明し、たくさんのご褒美をもらった。なかには、都の華やかな生活に沈溺し、ついに草原を忘れる者もいた。都市での膨大な出費を支えていたのは、とっくに疲弊しきっていた平民の「黒い人びと」であった。一九一一年末、清朝の崩壊にともなって、モンゴル高原は独立し、内モンゴルは中国人軍閥に占領され、実質上中華民国領となった。その後の独立の機会は幾度なくあったが、国際情勢も関係し、未だに民族の統一は実現できていない。

地図1　モンゴル高原の視点から見た東部ユーラシア世界。中国はその実態に見合った存在として、小さく映る

モンゴル人は現在、中国の内モンゴル自治区に約五五〇万人、新疆ウイグル自治区と青海省に一〇〇万人弱、モンゴル国に約三四〇万人、それにロシア連邦に約一〇〇万人がそれぞれ分布、居住している。現在、モンゴル国のモンゴル人たちは、自分たちを「外」と称されることに強い抵抗感をもっている人が多い。内モンゴルを南モンゴル、外モンゴルを北モンゴルとそれぞれ表現したほうがよい、との民族意識の現れである。

清朝から中華民国をへて中華人民共和国になるまで、モンゴル人の生き方は大きくかわった。およそ三〇〇年以上にわたって異民族に統治されてきたためか、モンゴル人はつねに支配者の顔色をうかがいながらものをいう、「弱い民族」になってしまった。それでも彼らは非常にうまく自己主張してきた。自己主張の手段の一つは手写本である。モンゴル人はたくさんの手写本を書きのこした。彼らは自分たちの手で書いたものをガル・ビチメル、「手書きのもの」とよんだ。本書はモンゴル人の書いたもの、手写本《ガル・ビチメル》を基本的な材料としている。手写本の内容はおよそすべてをカバーする。いいかえれば手写本にはモンゴル人の生き方が凝集されているのである。

手写本とは何か

名誉とステータスの象徴

真っ赤な太陽が容赦なく衆生を照らしつけていた一九七一年夏のある日。

中国内モンゴル自治区西部のオルドス地域は例年のように、大旱魃《かんばつ》にみまわれていた。年間降水量が三〇〇ミリ未満で、しかも、その微々たる降水にいつ、いかなるかたちでめぐまれるかもわからない。人びとは来る日も来る日も雨を待って暮す。

小学校にはいる前の私は入院していた母親の看病のために、オルドス高原西部にある人民公社の本部にむけて馬をとばしていた。社会主義が全盛期を誇っていた時代、モンゴル人が大量虐殺されていた「文化大革命」の真最中だった（写真3）。人びとは反目しあい、昨日の友は今日の敵になったり、お互いを落としいれるために密告しあったりしていた、空前絶後の政治的な恐怖《テロル》の時代だった（楊海英著『墓標なき草原』上・下、『中国人とモンゴル人』参照）。病院や学校などはすべて一九五八年に成立した人民公社の本部近くにあった。人民公社の本部はその後大きな町に発展した。町に近づいた時、ひとりの老人が灌木のなかを歩きまわっているのがみえた。老人

写真3　内モンゴル自治区の最高指導者だったウラーンフーの息子・ブヘ(布赫)とその夫人のジョランチチクが侵略してきた中国人にリンチされている風景。矢吹晋著『文化大革命』より

は白い紙きれを拾っては額にあてておがむようにしていた。その紙きれは明らかに誰かが灌木のなかで用を足したあとにつかったものだった。人民公社には悪名高い中国式のトイレもあった。しかし、モンゴル人は町の中国人用のトイレにはいるのが苦手で、町から離れた灌木のなかが好きだった。老人はひたすら拾いつづけていた。社会主義時代の文化大革命期間中、手写本は「封建社会の有害作品」とされ、没収されていた。モンゴル人から没収した手写本は燃やされたり、やぶられたりして捨てられていた。老人が拾っていたのは燃えのこったものか、トイレにつかわれたものだった。

一九九五年冬、私はある蔵書家の邸宅をおとずれた。蔵書家の父はかつて一九七一年夏に人民公社の本部近くで紙きれを拾っていた老人だ。古紙独特の匂いがする手写本をながめながら、灌木のなかを歩きまわる老人の姿は頭から消えようとしなかった。

文字通り、手写本は手書きのものである。冊子になっているものもあれば、わずか一、二枚の紙切れからなっている場合もある。掌にのるくらい小さなものもあるし、広げると十数メートルに達するものもある。書風は達筆のものと、幼稚なものの両方がある。時代的にも幅がある。東トルキスタン（現新疆）のトルファン盆地や内モンゴル自治区最西端のハラ・ホト沙漠から一三、一四世紀の手写本や木版本の断片が大量に発見されている。本書は主として一九世紀以降に書写されたものをとりあげる。

私は一九九一年から現在まで、中国内モンゴル自治区オルドス地域からさまざまなモンゴル語手写本と木版本をあつめた。手写本と木版本をありのままのかたちで世に呈示するため、影印版《えいいんばん》（写真版）という手段をつかって学界で公開してきた。では、モンゴル人にとって、手写本とはいったいどんな存在であろうか。

モンゴルを調査・研究する学徒にとって、手写本と木版本は特別な存在である。「モンゴル学」は近代ヨーロッパ、特にロシアとドイツにおいて発達してきた文献研究を基盤とする、伝統ある学問である。このような「モンゴル学」は手写本や木版本などのテキストに関する緻密な註釈と校訂に基礎をおいてきた。この種の伝統的な「モンゴル学」はいまなおモンゴル研究の主な流れの一つであることにかわりはない。モンゴル社会に残る手写本と文献研究の成果を読まずに「モンゴル学」について語る権利はないとみられるほどである。

膨大な量にのぼる手写本をつくったのはモンゴル人である。いいかえれば、研究対象者側のモンゴル人が手写本を創造しなかったら、モンゴル学も当然誕生しなかったにちがいない。これは決して民族主義者的な言説、エスノ・セントリズムの見方ではないが、今日までのヨーロッパの「モンゴル学者」たちは、モンゴル人よりも、モンゴル人の書いたものの方を好んだ。研究者にはいま一度視点をかえて、モンゴル社会において、手写本がどんな意義をもち、どのような存在であるかを考えなおすことが求められている。その際、まずは手写本が読めるようにならなければならないのが、大前提である。

では、モンゴル人にとって、手写本とはいったいどんな存在であろうか。

モンゴル人にとって、手写本は一種の文化財である。手写本をどれぐらいもっているかは、往々にして彼らのステータスにかかわることである。たくさんの手写本を収蔵している者はまわりの人びとから尊敬される。そのような人物は、「名誉ある人」、知識人として草原に名を馳せるようになる。

モンゴル人はふだん、手写本を布団《ワーダン》とよぶ風呂敷包みのような布でていねいにつつんだり、木箱のなかにいれたりして保存する。住居のなかでもっとも神聖な場所、天幕内の北側にあるホイモルというところにおく。遊牧生活をいとなむ人びとは、移動の際はシャマニズムの神像をつんだ車や馬に手写本をはこばせる。女性が簡単に手写本に触れることは好ましくないとされていた。

モンゴルでは人望のある人の家にいつもたくさんの客人があつまる。手写本をたくさん所有している人の家にも同様に大勢の人びとがやってくる。主人の同意が得られたら、読書会をひらくこともよくある。チンギス・ハーンの直系子孫、貴族タイジのみで集合した場合だと、読みあった手写本の内容の一部を庶民に秘密にすることもあった。手写本の内容は政治、歴史、医学、天文学、文学などさまざまな範疇におよぶ。いわば、百科全書的な存在だった。人びとはまたみずからが関心をよせる分野の手写本を熱心に書きうつした。抄写のくりかえしによって、いろいろな異なる抄本が出現した。特に評価が高いものは、木版もつくられ、大量に印刷されて広まっていった（写真4）。清朝時代の内モンゴルのオルドス地域において、詩歌や医学関係の著作は多く木版印刷された歴史がある。

モンゴル人は手写本を貴重な文化的財産とみなす。この財産には彼らの人生観、アイデンティティが集約されている。そのためか、モンゴルを敵視する為政者側は手写本の破壊に積極的であった。記録と伝説によると、清朝の乾隆年間（一七三六―一七九五）に満洲人の役人たちは大量の年代記作品を没収して燃やしたという。それらの年代記の内容が、清朝の正統性に懐疑的だったためであろう。聡明な乾隆帝は中国史上で最大の叢書である「四庫全書」の編纂を進めたが、清朝に都合の悪い書物は当然、選ばれなかった。編纂は同時に検閲でもあったのである。

遠い乾隆年間の検閲政策はいざしらず、ときに発生する社会的な動乱は手写本の紛

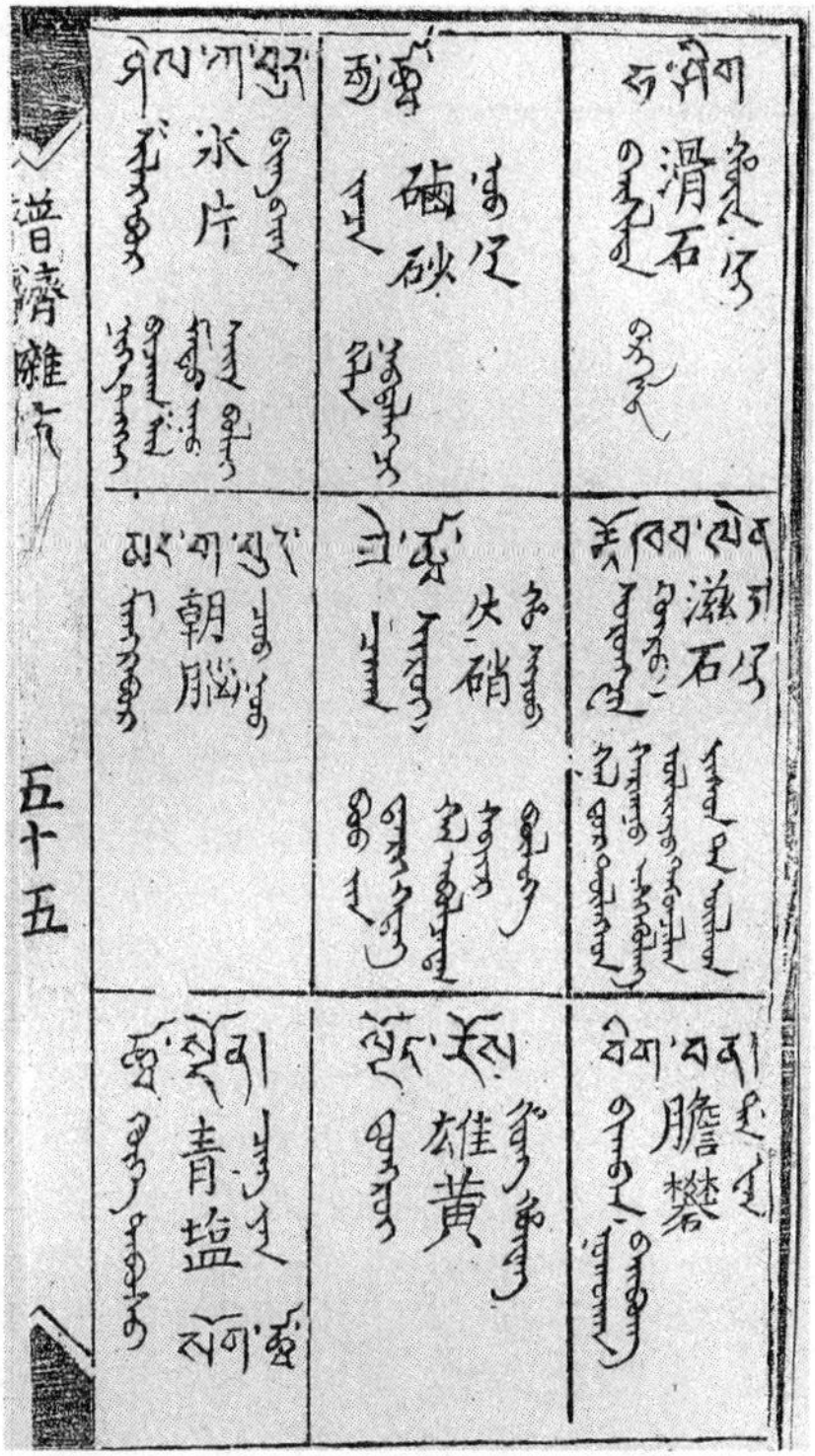

写真4　モンゴルの木版本。清朝時代のアラシャン・モンゴル人の医学者の作品で、北京で開版印刷された『普済雑方』。楊海英　近衛飛鳥共編『モンゴル伝統医学に関する木版本と手写本』より

失をもたらした。まず、一八六〇年代、清朝に対して蜂起をおこしたイスラーム教徒の回民は、長年にわたってオルドス地域とその西のアラシャン地域、のちにはモンゴル高原西部と中部を荒らしまわったため、貴重な歴史書も破壊からまぬがれなかった。私の曽祖父も回民蜂起のときに多くの書物をうしなったモンゴル人を私はたくさん知っている。回民蜂起軍からにげている途中に、布団《ワーダン》につつんだ大量の手写本をうしなった、と祖母が語っていたことを覚えている。これは二重の不幸である。回民たちは清朝の圧制に耐えられなくなって蜂起に踏みきった被害者である。しかるに、被害者の彼らは別の少数民族を攻撃し、あらたな悲劇をもたらした。

その後、モンゴル高原の南東部では、一八九一年に金丹道《きんたんどう》の乱が勃発した。反乱に参加した中国人たちは明確に「モンゴル人を殺してその土地を奪う」、「満洲人とモンゴル人を一掃して清朝を打倒する」との排外主義のスローガンを掲げて大量殺戮を働いた。数万人ものモンゴル人が殺害され、手写本を含む多くの文化財が燃やされた。回民の大規模襲撃と金丹道の暴力でモンゴル社会は衰退の一途をたどった（楊海英『内モンゴル紛争』ちくま新書）。

つづいて一九〇〇年の義和団のときにもモンゴル人の文化は少なからぬ打撃をうけた。義和団とはもともと秘密結社白蓮《びゃくれん》教系統の団体で、義和拳ともよばれる。一九世紀末に北部中国で広がり、反西欧列強の急先鋒へと発展していく。内モンゴル西部のオルドス地域の場合、隣接の陝西省を拠点とする義和団の影響をうけていた。陝西省の義和団は主としてオルドス南部で布教活動を展開していたカトリック系の教会にその矛先をむけていた。カトリックの教会堂には神父たちが苦労してあつめたモンゴル語の手写本が無数にあった。義和団が教会堂を焼き討ちにした際、手写本もすべて灰に化してしまった。

先に触れたように、草原の行政組織を旗といい、旗の長官は札薩克《ジャサク》である。札薩克《ジャサク》の執務地は衙門《ヤーメン》や王府《ワンフー》とよばれていた。衙門《ヤーメン》はたいてい札薩克《ジャサク》とその従者たちの天幕からなっていた。わずか数張の天幕ではあるが、じつに貴重な文書資料が保存されていた。清朝の中央政府からの通達類や、チンギス・ハーンとのつながりを記した古い年代記など、無数の典籍がねむっていた。札薩克《ジャサク》の衙門《ヤーメン》も一般の遊牧民と同じようにときどき移動していたので、いわば、「移動式の図書館」のようなものだった。札薩克《ジャサク》の衙門《ヤーメン》内にあった図書館は一九三〇~四〇年代の軍閥割拠時代に大きな打撃をうけた。

二〇世紀の内モンゴル西部地域の近現代史において、勢力をはっていたのは主として傅作義《ふさくぎ》(一八九五―一九七四)、陳長捷《ちんちょうし》などのような中国人軍閥である。彼らの最大の目標は内モンゴルとモンゴル高原のモンゴル人同士が相互に連携をつよめ、独立国家の建設を防ぐことだった。つまり、内モンゴルに駐屯する軍閥はモンゴル人社会に打ちこまれた楔《くさび》のような存在だった。政治的な見解の不一致から軍閥同士で争いあったり、ときの中華民国の中央政府に反旗を翻したりすることもあったが、少数民族の独立志向を圧殺しようという点ではかならず一致団結していた。

傅作義は内モンゴルの南、長城以南の山西省の出身で、長いあいだ山西北部と内モンゴル中央部を拠点としていた。日中戦争中は長城沿線で日本軍の西進を食いとめたことで、国民政府から高い評価をうける。しかし、傅作義はモンゴル人に対しては、徹底的な圧政を敷いていた。一九三〇年代、彼がアメリカの歴史家オーエン・ラティモアと面会したとき、つぎのように表現していた。

「モンゴル人の中には貴方や私のような文明人は一人もおらん。あいつらは人間ではない。牲口《シンクー》なのだ」。

牲口《シンクー》とは中国語の北方方言の悪罵で、「畜生」との意味である。傅作義は多数のモンゴル人を殺害したが、一九四九年一月に北京を中国共産党軍に明け渡した事績から、追求されることはなかった。北京の無血開城は少数民族弾圧よりも功績が大きかった、というわけである。

陳長捷《ちんちょうしょう》は南中国の福建省の出身で、傅作義とともにいまの河北省の保定陸軍学校で学んだことがある。日中戦争中は第六集団軍の司令官をつとめた。一九四一年からオルドスに駐屯するようになってから、モンゴル人の知識人や有力な貴族《タイジ》たちをつぎつぎと殺害したことから、一九四三年三月二六日に大規模な反国民政府の蜂起が発生した。中国の近現代史上では普通、「三・二六事件」とよぶ。

「三・二六事件」の主な舞台は、オルドス地域のジャサク旗だった。陳長捷の部隊に徹底的に破壊されたジャサク旗の衙門《ヤーメン》には大量の文献が保管されていた。一説では、ジャサク旗はオルドス地域の七つの旗のなかで、もっとも豊富な文献を有していたという。「三・二六事件」が発生した直後、毛沢東はその著作のなかで陳長捷らの行為を厳しく糾弾している。二三年後、その毛沢東もまた内モンゴルでジェノサイドを発動するのである。

一九五〇年、中国共産党は内モンゴル西部のオルドス地域を占領する。オルドス高原西部ウーシン旗の歴代の王が所有していた書物を共産党がトラック数台で運びだし、王府衙門《ヤーメン》所在地の南にあるダブチャク平野で数日間にわたって燃やしていたことを大勢の人びとが目撃している。このような破壊運動はオルドス地域の七つの旗におよんでいた。モンゴル人の歴史書を燃やしてしまえば、モンゴル人も中国の支配を受けいれる、と中国人はそう信じているらしい。例外としてハンギン旗とジュンガル旗の文書の一部が運良くのこり、現在フフホト市内にある「内蒙古档案《とうあん》（文書）館」の主要な構成部分を形成している。今日、内蒙古档案館内で山積みになっている文書類をみて驚嘆の声をあげる人もいる。しかし、これも、もともとはたった二、三の旗の文書であったにすぎないということを思いだしてみよう。もし、戦乱や無知による破壊がなければ、それこそ、内蒙古档案館は世界に誇りうるコレクションを築いていたかもしれない。

中国共産党による破壊はそれだけではおわらなかった。モンゴルの伝統文化にもっとも大きな打撃をあたえたのは、一九六六年から一九七六年にかけておこなわれた「文化大革命」という政治運動である。内モンゴル全体がキリング・フィールドと化し、手写本も「人民を毒害するアヘンだ」とされ、すべて破壊の対象とされた。周知のとおり、マルクス流社会主義者は「宗教はアヘンだ」とする。モンゴル語の手写本のなかのかなりのものは、僧侶《ラマ》によって書きあげたものであり、そのためか、このような適用がくだされたのであろう。私自身も子どものころ、地元の人民公社の本部に山積みになった手写本を何回もみたことがある。それらはすべてモンゴル人から没収したものであった。

中国史とむすびつけていうならば、二〇世紀はモンゴル人の伝統文化にとっては、まさに受難の時代であったとしかいいようがない。

それでも、手写本はのこっている。草原の天幕のなかで、あるいは定住村落の一隅で、紙や墨が極端に手にはいらないときでも、モンゴルの知識人たちは手写本を書写しつづけた。多くの人びとは政府に没収されないように、手写本を地中に埋めたりして隠しとおした。なかには、埋めた場所を忘れ、手写本を二度とみつけられなかった人もいる。地中にしばらく埋めていた手写本はとてももろくなり、手で触れるだけで粉末に化してしまう。私の手元にもそのような極端にもろくなった手写本がある。それらをいかに保存するか、頭の痛い問題である。

女のテキストと男のテキスト

二〇〇〇年、私はオルドス地域ウーシン旗西部に住む四人のモンゴル人から手にいれた手写本を『オルドス・モンゴル族の手写本（一）』という著作にまとめて公開した。四人からあつめた手写本はほとんどがマニとよばれるテキストだった。

マニの内容は仏教的なものである。マニはその詩をマクタールという。マクタールとは賛歌の意味である。マニにはきまった旋律《マルダー》や抑揚《ヤン》がある。これを愛唱したのは、女性たちであった。

このマニについて、ナソンバトというオルドス地域ウーシン旗出身で、中国の民族政策に批判的な知識人による研究がある。彼はその著作『マニ賛歌研究資料集』（一九九九年）のなかでつぎのように指摘している。

マニは、チベット仏教のモンゴル化にともなって誕生した。モンゴルの僧たちは最初ほとんどがチベット語で読経していたため、一般のモンゴル人たちはかならずしもチベット仏教の教義を理解したとはいえない。そこで、学識ある僧たちは仏教の教えをわかりやすい詩歌のかたちで書きなおしてひろげた。この単純明快な詩がマニである。マニはもっぱらモンゴル語で書かれているから、仏教に対する理解をふかめることができた。

それだけではない。マニは仏教を称賛するだけでなく、父母や山川など、身のまわりのあらゆる存在を仏教精神とむすびつけて理解している点でも特徴的である。いわば「民間の仏教作品」である。山や川、草や木にも霊魂がやどり、称賛の対象となるのは、モンゴル固有のシャマニズムにもとづく信仰である。マニは仏教とシャマニズムが結合して生まれた作品でもあろう。

マニの詩すなわちマクタールにも注目しなければならない。ここでナソンバトはいう。マクタールは韻のふみかた、語彙の運用などの面で、モンゴル詩の伝統をかたくまもっている。マニの朗唱によって、老若男女とも詩をおぼえ、詩を普及させることにもなったのである。ナソンバトによると、清朝時代のオルドス地域にはおよそ五百種にのぼるマニがあったという。それらのマニの多くはウーシン旗にあるハリューティン・スメという寺（写真5）の僧サムタンジャムソが創作したという。ナソンバトはその著書のなかで僧サムタンジャムソが書いたマニをすべて明確にしめしている。

オルドス地域に住むモンゴル人はかつて一九五〇年以前に、「マニ・ホラホ」というつどいを定期的におこなっていた。これは一種の法会《ほうえ》である。亡くなった人を追悼するため、あるいは家族全員の幸福を祈るためにこの種のつどいに大勢の人びとがかけつけていた。たとえば、ウーシン旗西部に住むハダチンという氏族集団は毎年正月一五日に一族の長老の家にあつまって、マニを朗唱していた。女性たちは特に熱心だったという。そうしたなか、感動的な作品、たとえば「母親の恩に報いる賛歌」をうたいだすと、みんな涙を流したという。ここで、その一部をみてみよう。

あ！　吉祥たれ！
父と母の二人の

写真5　オルドス高原西部ウーシン旗のハリュート寺。ハリューとは獺のことで、「獺のいる寺」との意。近現代に入ると、この寺は中国人の侵略に抵抗するモンゴル人の拠点となった。1992年春撮影

愛情によって生成されたひとりの人間。
天の魂を子宮にやどらせ
生命にはぐくませた、恩愛ある母親。

十ヶ月に満ちるまで
胎内で大事にまもり
みずからの身体を痛めてそだてた
忘れられぬ母親。

この世に生まれたあとは
汚れや不浄を清め
膝の上に温かく抱いて乳を飲ませた
偉大で優しい母親。

大きくなったあかつきには
すべてを惜しまずに子にあげる

何をしていいかと、何をして悪いかを教え
苦痛を嘗めつくした母親。

……
生涯にわたってはたらいた母親に
いまとなってその恩に報いるのは遅い
母の愛情を永遠に忘れることなく
来世にもふたたび命が授かるように。
……

冒頭の「あ！　吉祥たれ！」と、末尾の来世云々以外、仏教的な色彩は薄い。子どものころの私はずっとマニを歌だと思いこんでいた。いや、モンゴル社会において、マニはやはり一種の「仏教歌」といってもいいだろう。ちなみに、「母親の恩に報いる賛歌」の漢語バージョンは、一般的に「偽経」のたぐいにはいる、と仏教学者たちはみている。「偽経」だろうが、聖典だろうが、「母親の恩に報いる賛歌」のような「仏教歌」をうたうことによって、仏教思想への理解がふかまったのはいうまでもない。この種の詩歌を仏教行事のときに集団でうたうことによって、慈悲深き仏教への依存をつよめていったことは否めないだろう。

マニ伝承の担い手たちがほとんど女性であるのに対し、サンは男性たちによって伝えられてきた。サンとは、おそらく漢語の香《シャン》から転じたことばだろう。一九六〇年代以前、すべてのモンゴル人成人男性が少なくともエジン・サンやスゥルデン・サンを暗記しなければならなかった。エジン・サンとは「主君の賛歌」を意味し、スゥルデン・サンとは「軍神の賛歌」である。一家の主は毎朝キー・モリ（地域によってはチベット語でルンタとも称される）こと「風の馬」とよばれる守護神（写真6）の前にひざまずいて「主君の賛歌《エジン・サン》」や「軍神の賛歌《スゥルデン・サン》」を朗誦する。「主君の賛歌」はチンギス・ハーンをほめたたえた内容である。「軍神の賛歌」はチンギス・ハーン自身が崇拝していた、全モンゴル軍の軍神賛歌である。「主君の賛歌」も「軍神の賛歌」も軍隊の出陣式や祭祀、政治集会のときには欠かせなかった。ここで「主君の賛歌」の一部を紹介しよう。

ジャー！

英明聖主チンギス・ハーンとその側近たちをはじめ

写真6　チンギス・ハーンの軍神に由来。「風の馬」

福禄を一身にあつめた大臣たちすべて
あるいはたまたまこの地に立ちよった天神や龍たちに、
さまざまな万物の霊たちに、
本日用意した供物をささげよう。
……
ジャー！
人間や人間ではない者の害をとりのぞけ
密告や離間などの悪行を絶ちのぞけ
我が軍勢が悪敵どもを駆逐するように
集会の場で毒をもる悪人を追いはらえ。

僧侶や仏法と敵対する者には
鋭利な刀でむかえ
その命の血脈を切って切って絶て！
……

「母親の恩に報いる賛歌」にくらべたら、なんと血腥《ちなまぐさ》いだろう。モンゴルには古くから「毒殺の文化」がある。一三世紀ころ、かのチンギス・ハーンの父親イェスゲイ・バートルもタタール部の仇人に毒をもられて亡くなった、と東西の年代記は伝えている。男には、そうした諸悪とたちむかう義務が課せられている。それを自覚させるような内容がサンにある。

このようなサンは、日常生活のなかでは「男のもの」と思われているが、妻も毎日夫の朗誦を聞いていたらテキストを全部おぼえてしまうらしい。昔、私の母親がうっかりサンの一部を唱えていたら、父がこっぴどく叱ったのをいまでもおぼえている。サンはあくまでも男が詠むもので、女は口にしてはいけないことになっていた。サンとマニの旋律をたくさん録音したが、いつかは公開する予定である。また、国際モンゴル学界でもマニとサンは知られてはいたが、詳細なテキスト、それも写本による公開は私の著作が初めてだったので、イタリアのモンゴル学者キョード女史が権威ある雑誌で書評を寄せてくれた。彼女によると、私が公開したテキストには中世モンゴル語の特徴を維持しているものも複数あるという（Chiodo 2003/2004）。

漢籍に頼る研究には限界がある

私は本書において、モンゴル人と手写本との関係を説明しようとしている。いいかえれば、モンゴル人にとって、手写本とはいったい何であろうかを示しておきたい。

答えは簡単だ。手写本はモンゴルそのものである。少なくとも、モンゴルそのものの一部で、不可分の一部である。手写本からモンゴルをきりはなしてはいけないし、モンゴル人を文字や文献と無縁な人びとだとみるのもまちがっている。漢文だけをいくら咀嚼しても、モンゴル人の真の生き方はみえないだろう。ユーラシアの遊牧民モンゴルについて研究するならば、第一次史料のモンゴル語文献を無視して、中国人の漢文の世界をいくら彷徨《さまよ》っていても、しょせんは軽薄なものにおわってしまう。しかし、日本にはいまだに他者、それも差別と偏見に満ちた中国人の書いた漢籍を崇拝し、モンゴル語文献を読もうとしない「研究者」がいる。

古くから書かれたもの、文字に対して、モンゴルなどの遊牧民は特別な感情を抱く。手写本をたくさんもっている人は誰からも尊敬される。手写本は知的生活のシンボルである。誰かが昔からの手写本を所有していると、みんなそれを借りて書写する。その際、書写者はまた編集者に変身する。まるごと書き写すこともあれば、興味のある部分のみに限ることもある。当然、語句の修正もおこなう。

一部の日本の研究者はよく、自分の研究分野にモンゴル語の文献や資料がない、と嘆く。それはきわめて傲慢もしくは無知ではなかろうか。独立のモンゴル国はべつとして、内モンゴル自治区だけでも、二〇二〇年までは平均して一日に少なくとも一冊、人文社会科学や自然科学に関する学術書が出版されている。現在ではモンゴル語文献や資料はおよそすべての学術分野をカバーするようになっている。自治区全体で人口五〇〇万人前後の少数民族にとって、現代のこのような出版文化は過小評価すべきものではない。古い文献の場合は、それをいろんな立場と複数の視点から解釈することがじゅうぶん可能である。

ユーラシアの遊牧民は「文」とは無縁の「野蛮人」だ、と古代から中国人はそのように無知と偏見の視線で決めこんできた。ここで、「文」は「武」の対極として理解されてきた。武力の面で遊牧民に負け続けてきた中国は「文」で以て相手を中華風に改造するための手段を中国人は「文化」と呼んだ。中国人は「武」の「野蛮人」を「文明化」させる目的で自己満足し、負け惜しみの精神を醸成した。それが中華思想であり、中国人が語る「文化」で、西洋のカルチャーとは根本的に異なる。

そのような中華思想の延長で、モンゴルなど遊牧民はまた書かれたもの、文字資料と無縁の「未開人」だ、と思いこんでいる研究者もいる。モンゴルで調査をし、そのノートを文字化すれば、「無文字社会に歴史を書いてやった」、と鼻から見下す者もいる（そういう人に限って、たいていはモンゴル語が読めない！）。あるいは、遊牧民は歴史上、主として農耕民や都市住民の世界に闖入したこともあり、被害者側の記録にばかり頼る者もいた。

右で示したステレオタイプの観念を打破するために、私は本書を執筆した。ユーラシアの遊牧民諸集団が文字をもつようになった時期はそれぞれ異なる。文字や書かれたものの種類とそれに対する見方、感情もまたまちまちである。しかし、遊牧民はちゃんと自分たちの手で自らの歴史を石碑や岩壁に刻み、紙に記した。場合によっては、歴史に対してはきわめて貪欲な態度をとることもあった。

モンゴル語手写本類は、内容的には多分野にわたり、かつ、膨大な量にのぼる。このようなモンゴル語の手写本類を組織的に、システマティックに公開する必要を私は以前から痛感していた。私の意見に二人の旧友、ホルチャバートル博士とボラグ博士も賛同してくれた。

ホルチャバートル博士もボラグ博士も私と同じ、オルドス地域オトク旗の出身だ。一九八九年春、時を同じくして我々三人は故郷を離れた。ホルチャバートルはモンゴル学研究で伝統のあるドイツにおもむき、ボン大学で世界的な碩学ハイシッヒらに師事した。チンギス・ハーン祭祀に関する研究が認められ、一九九九年にはトゥビンゲン大学から人類学の博士学位を取得した。

ボラグはイギリスにとび、名門ケンブリッジ大学で人類学をまなび、人類学の権威キャロライン・ハンフリー教授の弟子となった。モンゴル国での調査資料をもとに、社会主義制度から自由主義に脱皮しつつあったモンゴルのナショナリズムと異種混淆《ハイブリディティ》に関する論文を完成させ、一九九三年に博士学位を授与された。一方、私は日本に渡り、国立民族学博物館の松原正毅教授と小長谷有紀教授の門下にはいった。二人とも長年にわたって中央ユーラシアの遊牧民世界で調査研究をしてきた研究者である。モンゴルの父系親族集団の歴史的変容、チンギス・ハーン祭祀の政治的儀礼についての論文をまとめ、一九九四年に博士学位を取得した。

ドイツや日本のモンゴル研究はモンゴル人以外の、モンゴル人からすれば「外国人」によるものである。しかし一方で、たとえばロシアのモンゴル研究の場合、その一翼をブリヤート・モンゴル人が担ってきた。今日、内モンゴル自治区やモンゴル国のモンゴル研究はすばらしい成果を持続的につくりあげている。

ホルチャバートルやボラグ、それに私をいれて、我々三人はいわばモンゴル以外の第三国に国際的な研究組織をつくりたかった。研究組織の主な目的の一つは、『モンゴル文化研究』（*Mongolian Culture Studies*）という学術雑誌を発行し、モンゴル研究に必要不可欠な第一次資料を継続的に公開することである。第一次資料の継続的な公開は、モンゴル以外の第三国で活動するモンゴル人研究者がはたすべく大きな役割の一つだと認識している。

一九九五年冬、我々三人はドイツのケルン市にあつまり、社団法人「国際オルドス・モンゴル文化と経済研究協会」をたちあげた。数年間の準備をへて、『モンゴル文化研究』も二〇〇〇年から発行を開始した。現在までに合計六号を上梓した。手写本を影印し、英語の序文をつけて出版した。いままでモンゴルの仏教賛歌、カルテ類、年代記などを公開してきた。かくして、私個人がずっと考えていたことがついに結実したわけである。我々の学術活動は世界各国の、第一線で活躍するモンゴル学者たちから暖かい支持と理解をえることができた。二〇〇二年、我々は世界各国のモンゴル学者を『モンゴル文化研究』の編集顧問や編集委員会にまねいた。おおくの研究者たちのアドバイスをいただいて、『モンゴル文化研究』はいまや国際学術雑誌として新しいスタートをきったのである。

歴史学や文化人類学や、それにユーラシアの多言語からなる文字資料をもととする欧米の東洋学すなわち文献学は、旧殖民地を対象に調査資料をあつめ、発達してきた学問である。旧殖民地出身の研究者が旧宗主国において国際的な研究組織を運営し、新しい視点で研究活動を展開することは、これからも増えるだろう。私は、「我が宗主国・日本」の研究者と元殖民地出身の研究者が協力しあいながら、双方ともつねに自己批判と反省を怠らなければ、真の意味での学問的な発展が実現できる、と認識している。

資料公開の危険性

いま、私の手許に大量のモンゴル語の手写本がある。年代記もあれば、寺院の帳簿もある。まことに得難い史料の山である。では、モンゴル人たちはなぜ、貴重な手写本を私たちに託したのだろうか。また、委託された資料を公開したことによって生じる問題には何があるのだろうか。

モンゴル人たちが手写本を私に提供したのは、これを広く公開するためである。いいかえれば、公開は手写本提供者たちのねがいでもある。大量虐殺をともなう「文化大革命」などたびかさなる政治的な動乱を経験して、個人で文化財を秘蔵することの限界をモンゴル人たちは誰よりも知っている。政治が不安定な中国において、有名無実な自治区において手写本を地中に埋めたりして保存するのは不可能だとわかったからである。むしろおおやけにすることで維持できる、ということに目覚めたのである。もう一つ、中国における「漢人（中国人）対少数民族」という構図がモンゴル人知識人に少なからぬ影響をおよぼしていることも、公開に積極的な理由の一つとして考えられよう。漢人イコール文明人で、それに対して少数民族は未開な野蛮人である、という中国人の認識は、簡単には消えない。中華人民共和国になってから、およそ七五年間にわたって日々中国人とつきあうことで、モンゴル人もつねに中国人の心のなかをのぞいてきたのである。そこで、自分たちが所有している知的財産の一部を世に公開して、再認識をうながそうとしたのである。勿論、モンゴルの知的財産は手写本だけではないのであるが。

手写本の提供者たちは、このような目的で私に公開をゆだねた。しかし、私が彼らの夢を実現させる前に、幾人かの老人があいついで他界した。もうこれ以上さきのばしすることはできない。一日も早く公開することが、彼らへの最大の恩返しである。なにしろ、彼らは私に自分たちの名誉を託したからである。

手写本が出版され、世界の研究者たちと資料を共有できるよう多くのモンゴル人たちはねがっている。私がいままでに公開した手写本の一部は、すでに公開されている文献目録類に同じような書名タイトルを確認できる。文献目録にのっている資料は世界各国のさまざまな機関にある。それらをとりよせて利用するには時間がかかる。また、内容はほぼ同じでも、語句や表現が異なる異種本は貴重な資料である。

近年、内モンゴルからもさまざまな第一時資料が出版されるようになった。しかし、文献学の方法がまだ定着していないためか、せっかくの資料もすべて現代正字法にもとづいて修正をくわえられている。乳製品の匂いがぷんぷんする、抄写者の性格も垣間みることのできる手写本を大勢の研究者たちにみせるためには、手写本類をありのままのかたちで公開するしかない。これらの手写本をとおして、モンゴル人は決してただ単に家畜とともに水や草を逐う民族ではない、と認識をあらためることになろう。天幕のなかには乳製品の匂いとともに、墨の香りもただよっているのである。しかし、手写本の公開を託された私には大きな不安が一つある。

第一次史料をありのままのかたちで出版するということは、実はリスキーなことでもある。「外国人」のモンゴル学者からみれば、我々三人はいわばネイティブ研究者である。ネイティブ研究者は所詮、資料提供しかできない、という見方が一部で存在しているのも否めない事実であろう。自分の民族が蒙った悲惨な歴史を書くときも、「感情的な声のみひろいあげている」とか、「自民族中心主義者《エスノセントリスト》」だなどと批判されやすい。中国の自治区とされる内《みなみ》モンゴルに住むモンゴル人研究者であれば、積極的な発言は「民族主義者」や「分離独立者」として逮捕され、投獄される。事実、気骨あるモンゴル人知識人は文化大革命中に殺害されたし、二〇二〇年夏以降にも大勢の研究者が逮捕された。中国の民族政策は有名無実で、諸民族を騙すための道具にすぎない、と論破したからである。

要するに、多民族国家内の少数民族出身の研究者はつらい立場にあるのだ。彼らにつねに求められているのは客観的でなければならない文章、中立的な態度、それに決して独裁国家の利益に反しない。という三原則である。中国はそもそも論外だが、日本や欧米などの研究者には生来的に「客観的」や「第三者」という鎧が付与されている。少数民族に同情すれば、正義派だと称賛されるし、批判しても逮捕監禁される危険性はない。それ自体が一種のヘゲモニである。

名誉を収集するという方法

ベルギー出身の著名なモンゴル学者モスタールト（写真7）は一九〇五から一九二五年までにオルドス地域に滞在していたころ、東部のジュンガル旗で馬一頭で手写本一冊と交換したことがある。モンゴル人にとって、馬は財産のシンボルである。モスタールトのエピソードはまさに貴重な財産をめぐる重要なとりひきがおこなわれたこ

写真7　ベルギーが生んだ著名なモンゴル学者のアントワーヌ・モスタールト師

とをあらわしている。ときがたつにつれて、特に社会主義時代の「文化大革命」をへた現在、モンゴル語手写本は以前よりもいっそう貴重視されるようになり、手写本を保存している人も少なくなった。数少ない手写本の所有者は、外部の人間に対して、非常に警戒的になっている。私自身はオルドス地域の出身であるということで、彼らの警戒と不安を多少やわらげるときもあった。それでも手写本は名誉とからむ存在であり、そう簡単にみせてもらえるものではない（楊海英『羊と長城』）。

この一〇数年間、私は以下の方法で手写本をあつめてきた。

まず、手写本を借りてきて撮影し、あるいはゼロックスコピーをしてすぐに返却していた。ゼロックスコピーの機械がいまだにさほど普及していない内モンゴルにおいて、手写本を草原から町までもっていってコピーしなければならなかった。手写本を遠くの町へもっていかれることに対し、不安を感じるモンゴル人もいた。

コピーされたくない場合、あるいは破損がひどい場合は、抄写することにした。私ひとりの力で間に合わないときは、モンゴル語学校の優秀な高校生などを写字生としてやとった。緊急の場合は数人を同時に動員することもあった。抄写の際、オリジナルの特徴を少しもかえないように細心の注意をはらった。近代的な教育をうけた若い写字生たちのなかには、手写本内の「ミス」を現代の正字法にもとづいてなおしたいと主張する者もいた。いわゆる「ミス」も現在の視点からみたときの「ミス」にすぎない。現代の正字法も近代的な教育システムの導入とともに確立されたものである。何よりも「ミス」も手写本の書風であること、などなどを私はそのつど写字生たちに説明しなければならなかった。手写本をかたときも手離したくない人がいた場合、私は所有者本人に抄写を依頼した。数ヶ月ないしは一年間たってから、私のためにあらたに書きうつした手写本をうけとりにたずねることもいくたびかあった。

なかには手写本を私にくれる人もいた。若いモンゴル人たちのなかには、手写本にさほど関心をもたなくなった者もいる。個人がもつよりも、研究者に提供した方がよいと考える人もいる。私のモンゴル研究に理解をもつ人びとのなかには、手写本を私に手渡すようにと遺言をのこして他界した人もいる。二〇〇二年にドイツから出版した『オルドス・モンゴル族の手写本（一）』は、ガンジョールジャブという草原の医学者のカルテ類を公開したものである。ガンジョールジャブは生前に、手写本類を私にわたすといいのこした。ガンジョールジャブからあつめたテキストの性質については、第五章でのべる。

手写本を貸してくれた人にしろ、完全に私に贈呈してくれた人にしろ、すべて、彼らが名誉の一部を私に分けあたえたことになる。

激動のなかの手写本

モンゴル人にとって、手写本は貴重な財産である。家畜は数頭しかもたず、貧乏のどん底であえぎながらも、手写本類を手放して換金しようとしないモンゴル人を私は何人も知っている。彼らにとって、手写本は何百頭、何千頭もの家畜よりも重要な意味をもっているのである。

ドイツの著名なモンゴル学者ハイシッヒは、手写本を「過去の証人」にたとえている。油脂のしみで汚れた小さな紙片でも、たとえそれに正確な歴史記述がふくまれていなくても、モンゴル人が何を考え、彼らにどういうことがおきていたかを知る手がかりとなる。つまり、民族の特性を手写本からよみとることができるという。数世紀にわたって流伝してきた手写本には、歴史的な記述をとどめる内容が豊富にふくまれている。戦乱や騒動が手写本類の保存を困難にしてきたが、それでも中央アジア諸民族のなかで、モンゴル人はもっとも多くの歴史書をもっていることがしだいに明らかになっている。

カトリック教会にのこった手写本の運命

モンゴル人の住むところから探検家たちによって収集された手写本類は、その収集家の名前が冠されたコレクションとして、欧米の図書館や博物館に保存されている。膨大な手写本コレクションという豊饒な「土壌」から書誌学や文献学に代表されるヨーロッパのモンゴル研究は生まれた。研究が蓄積されていくなかで、欧米の多くのモンゴル学者たちが手写本解釈で名を馳せた。

欧米の探検隊がどのように手写本をあつめたかに関するエピソードは多い。特に珍本発見についての話を探検家たちはよろこんで書きのこした。一九三八年秋にデンマークの探検隊が日本軍占領下の帰綏（現フフホト市）に到着した。調査許可を得てから一行は内モンゴル中央部のチャハル地方のハダイン・スメという寺におもむき、そこを本部とした。チャハル地方にはすでに一九世紀末から活動していたヨーロッパの宣教師たちが何人もいた。彼らの協力もあって、文献収集は順調にすべりだした。わずか数ドルを目あてに、手写本を探検隊の本部にもちこむモンゴル人はあとをたたなかった。そのときの成果をコペンハーゲンからだされた*Catalogue of Mongol Books, Manuscripts and Xylographs*（Heissig 1971）が伝えている。デンマークの探検隊はよほど運がよかったらしい。

しかし、モンゴル人がみんなチャハル部ほど純朴だったわけではない。オルドス西部を拠点に活動していたカトリックのスキュート派の宣教師たちはもっと苦労したらしい（写真8）。カトリック聖母聖心会スキュート派は一八七〇年代に内モンゴル西部のオルドスに現れた。清朝政府はボロ・バラガスンという地方を彼らに与え、布教の地となった。ボロ・バラガスンとは「褐色の都市廃墟」との意味である。中国北部の中国人たちはこの地を城川、つまり、「城のある平野」との意味でよんできた。ボロ・バラガスンは西に黄河をへだてて寧夏のイスラーム地域と隣接しあっている。南は万里の長城を境界に中華世界と接している。

一八七〇年代といえば、清朝を震撼させた「西北回民《ムスリム》の大蜂起」がようやくおさまった直後だった。このような時期に、モンゴル・中華・回民《ムスリム》という三つ巴のところにヨーロッパの勢力を楔《くさび》のように打ちこみ、三者の相互牽制をはかった清朝政府の政策はみごとなものであった。

オルドス・モンゴル人は簡単に手写本を宣教師たちにみせようとしなかった。神父たちが旗の王（札薩克《ジャサク》）に古い本をみせるよう懇願したていねいな手紙がのこっている。手写本をゆずってもらえないときには借りてきて、書写してからもとのもちぬしにかえしていた。ウーシン旗の貴族《タイジ》、ドガルジャブは『蒙古源流《エルデニン・トブチ》』という一六六二年

写真8　オルドスに来たスキュート派の宣教師たちとモンゴル人たち。宣教師たちは近代的な学校教育に力を入れていた。*Au Pays des Ortos*より

に書かれた年代記を神父たちに貸したとき、「あなたたちはこの本に敬意をはらわなければならない」といったそうだ。その際、お礼に「洋紙」すなわちヨーロッパ製の紙をおくっている。モンゴルでは紙をつくっていなかった。ほとんど「売買人《マイマイチン》」という中国人商人から購入していた。漢語で麻紙という繊維のふとい紙をモンゴル人はホニン・チャガン・チャース、すなわち「羊のごとき白い紙」とよんだ。手写本の内容は勿論、モンゴル人は素材の紙をもこよなく愛していたのである。著名なモンゴル学者モスタールト師やほかの神父たちの方法はかなり成功した。後日、同じスキュート派のセールイス師が整理したモスタールト師のコレクションには総数一五五点の手写本類がカウントされている。これらはモスタールト師が二五年間かけてオルドス地域に滞在したときの収穫である。

モスタールト師は一九二五年にオルドス地域を離れて北京にあった輔仁大学に着任したため、これらのコレクションが世にのこることができたのである。モスタールト師のあとをうけついだ宣教師たちも収集、書写活動をつづけたが、一九四一年と一九四七年の二回にわたって教会（写真9）が中国共産党軍に襲撃され、ほとんどすべての収集品がうしなわれた。教会は西欧列強の中国侵略の拠点とみなされていたからである。一九五四年、最後までいのこっていたヴァン・ヘッケン神父も中国領となった

写真9　西洋からの宣教師たちが布教していたオルドスのボロ・バラガスン教会堂内部。1900年前後の一枚、*MGR. Alfons Bermyn*, 1947より

オルドス地域から追放されることになった。彼は自分のノートだけは必死に隠しとおしてもちかえることができた。そのノートにはローマ字転写したモンゴル語資料がはいっていた。

オリジナルの手写本が中国に破壊されて存在しなくなった以上、ローマ字転写のものが唯一の価値をもつようになる。ヴァン・ヘッケン神父は後日ローマ字転写した資料をヨーロッパの学界で公開している。私はヴァン・ヘッケン神父らが公開したそれらのローマ字資料をモンゴル文字に復元し、二〇〇一年に中国内蒙古人民出版社から『国外で刊行されたオルドス・モンゴル族の文化と歴史資料』と題する本を出版した。

カトリック教会に集められたモンゴル語資料のオリジナルは失われても、ローマ字に転写されたテキストが救いの手がかりとして利用できた。私はそのローマ字テキストをもとに資料集を完成したのである。私が編集したモンゴル文字資料集を活用した研究がさっそく現れるようになった。

新しい文献を発見した「賢い英雄」

手写本に注目したのは外国人だけではない。モンゴル人知識人のなかからも自民族の文化遺産に目覚める人があらわれた。代表的な人物のひとりがブリヤート・モンゴル出身のツェベン・ジャムツァラーノである。ロシアに併合されて母国をうしなった彼は、希望をブリヤートの南にある独立国、ボグド・ハーン政権に託した。彼はまず一九二一年にウルガことのちのウランバートル市に科学委員会を設置し、収集と記録活動に執念を燃やした。わずか数年のあいだに手写本と木版本の堂々たるコレクションをまとめあげたのである。

南モンゴルにも文献収集家がいた。メルゲンバートルがそのひとりである。メルゲンは「賢い」との意で、バートルは「英雄」で、いわば「賢い英雄」になる。一九九六年に私がフフホト市にある内蒙古図書館で文献調査をしていたとき、現在館内にあるモンゴル語手写本や木版本のかなりの部分はメルゲンバートルがあつめたものである、と館員たちに説明された。

メルゲンバートルの仕事を成功させたのは、やはりオルドス地域のモンゴル人の手写本だった。一九三九年にオルドスのウーシン旗とオトク旗が境界をめぐってあらそいをおこし、武力衝突に発展したとき、彼は中華民国の綏遠省政府から仲裁者としてオルドスに派遣されていた。そのとき、彼はウーシン旗やオトク旗の王の執務所である衙門《ヤーメン》に膨大な量にのぼる手写本がほこりをかぶってねむっていることを目撃していた。日本軍が内モンゴル中西部に進出すると、中華民国綏遠省政府は瓦解した。チンギス・ハーンの直系子孫である徳王（デムチュクドンロプ　一九〇〇～六六）が民族の独立を実現しようと奮闘していたころ、メルゲンバートルはその部下となった。

社会主義政権が成立したあとの一九五〇年代、メルゲンバートルはオルドスの王府内でねむっている手写本類を思いだした。彼はいつも馬数頭をひいてオルドス草原を歩きまわっていた。馬には手写本をぎっしりつめた荷袋がのせてあった。この「賢い英雄」が一躍有名になったのは、オルドス北部に位置するオトク旗のアラク・スゥルデの祭殿から『蒙古源流《エルデニン・トブチ》』の古い手写本を発見したときだった。

アラク・スゥルデのアラクとは「まだら」を意味する。スゥルデとは人間の魂《スゥル》がやどる軍神とされている。モンゴルにおいてもっとも有名なスゥルデは、チンギス・ハーンみずからが祀っていた全モンゴル軍の軍神たる「黒いスゥルデ」と、モンゴル帝国の国旗とされる「白いスゥルデ」の二つである。黒は力強さの象徴で、白は高貴な血筋のシンボルとみられている。では、黒と白からなるまだらのアラクにはどんな意味合いがもたれていたのだろうか。私は以前に実地調査でアラク・スゥルデの祭祀者たちからの情報にもとづいて、一つの仮説を出したことがある。「まだらの軍神」ことアラク・スゥルデは、チンギス・ハーンの末子トロイ・エジンの軍神ではなかったか、とみている（写真10）。モンゴルは末子相続制度をとる。末子トロイ・エジンにだけ、父親チンギス・ハーンが祀っていた軍神「黒いスゥルデ」と帝国の国旗「白いスゥルデ」の両方をうけつぐ権利がある。そのような特別な権利をもつ末子トロイ・エジンが創出したのが、「まだらのスゥルデ」ではないか、との見方がある。このように古くから祀られてきた軍神の祭殿内に、モンゴルの歴史を体系的につづった年代記が保管されてきたことは、注目すべき現象であろう。政治祭祀と歴史が結びついていたのである。

「賢い英雄《メルゲン・バートル》」はある日、オルドスにあるチンギス・ハーンの祭殿近くにいた。そこで、彼はオトク旗のアラク・スゥルデからやってきた祭祀者のひとり、であった。その老人はアラク・スゥルデの祭殿に「神聖な書物」が供されていることを告げた。研究者特有の直感から、その書物は無限な価値をもつものであることを分かった。彼はさっそくその書物を手に入れて公開した。チンギス・ハーンの直系子孫であるサガン・セチェン・ホン・タイジが一六六二年に書いた『蒙古源流《エルデニン・トブチ》』の直筆本から書写したものであろう、とみられている。いいかえれば、限りなく『蒙古源流《エルデニン・トブチ》』の直筆本に近い抄本である、ということである。

写真10　オルドス高原西部オトク旗に立つアラク・スゥルデ。祭祀活動は中国に禁止されていたが、1998年に復活した。写真提供:Sayinjayagha

『モンゴル秘史』のロマン

上天《あまつかみ》からのさだめによってこの世に生まれた蒼い狼があった。その妻は白い牝鹿であった。

これは『モンゴル秘史』の冒頭の一句である。チンギス・ハーンの一代記であるこの書物は漢字音訳風に書かれたものだけがのこっており、そのオリジナルはウイグル文字で書いたものではないかとみられている。全文が語りの口調で、チンギス・ハーンの偉業だけでなく、その失敗も微笑ましくつづっている。いわば、草原の匂いがぷんぷんする叙事詩のような年代記である。

内モンゴルのオルドス地域にホルチャバートルという男がいた。私と一緒に『モンゴル文化研究』誌を創刊した人物である。ソロンゴトという氏族に属する彼は、一九八〇年代に内蒙古共産党学校の講師をつとめながら、モンゴルの伝統文学、年代記に関する研究をおこなっていた。彼は当時、『モンゴル秘史』のウイグル文字モンゴル語版がかならずオルドス地域のどこかにうもれているにちがいない、と信じていた。いまに伝わる『モンゴル秘史』は例外なく漢字でモンゴル語を表記したテキストであるが、その原本はウイグル文字モンゴル語ではなかったか、と彼もそう信じていた。

そして、それをみつけだすのが彼の夢だった。彼は故郷のオルドスにかえり、精力的なフィールド・ワークをはじめた。

オルドス地域に『モンゴル秘史』のウイグル文字モンゴル語版があったかもしれない、という痕跡はある。そのような手がかりの一つとして、一七世紀に書かれたとされるロブサンダンジンの年代記『黄金史綱《アルタン・トプチ》』のでどころがあげられることが多い。『黄金史綱《アルタン・トプチ》』は、『モンゴル秘史』の二八二節のうち、二三三節までを字句もふくめてほぼ全面的に継承している。ロブサンダンジンをオルドス地域のダルト旗にあったラシチョイリン寺の活仏とする説がある。ロブサンダンジンがオルドスの僧だったとしたら、彼が引用した『モンゴル秘史』もオルドスのどこかにあったにちがいない、との発想である。

結局、古い『モンゴル秘史』はまだみつかっていない。ただし、ホルチャバートルは「モンゴル文字か満洲文字に似てはいるが、簡単によめない書物」があったという情報をつきとめた。ウーシン旗のガタギン部がその書物を神聖視して一族の守護神殿に隠し、灯明を供していたという。ホルチャバートルはそれをウイグル文字モンゴル語で書かれた手写本だと想像した。しかし、その本も文化大革命で行方不明になっていた。ガタギン部はチンギス・ハーンの「黄金家族」のボルジギン部と共通の神話上の祖先をもつ。そのように特殊な歴史的背景を有するガタギン部に『モンゴル秘史』のような書物があっても不思議ではない。

ホルチャバートルはガタギン部から多くの手写本をあつめることができた。それらの手写本とインタビューをもとに、彼は『ガタギン部十三天神祭』という名作を書きあげた。この著作は世界のモンゴル学界で高く評価され、ドイツのモンゴル学者ハイシッヒにも注目された。その後、ホルチャバートルはドイツに研究の拠点をうつした。

近年、ホルチャバートルはガタギン部の詩人ゲシクバトが執筆した年代記『宝の《エルデニン》史綱《・トブチ》』を内蒙古社会科学院の研究員アルタンスゥムベルとともに公開している。このように、ガタギン部の手写本はモンゴル人研究者をそだてあげた。

『モンゴル秘史』が一三世紀のユーラシア東部に暮らす遊牧民の歴史と文化を語る一級史料であることは、考古学的発掘によっても裏付けられるようになった（白石典之『チンギス＝カンの考古学』ほか）。『モンゴル秘史』を過小評価する者はもはや学界から姿を消しつつある。

今も新たに生まれる手写本

さて、どのような内容のものが記録されて手写本になり、そして書写がくりかえされてひろがっていくのだろうか。この点に関しては地域差もあろうが、オルドス・モンゴルの場合だと、人びとは以下のようなものに関心が高かった。

詩歌
年代記
シャマニズムの祈祷文
仏教説話
物語(小説)
医学著作

以上のような仕分けはあくまでも便宜的なものにすぎない。実際は一つの手写本には複数の内容がおりこまれていることもある。シャマニズムの祈祷文にも仏教用語が混入しているし、仏教の名のもとでシャマニズムの儀礼を挙行するためのマニュアル本もある。たとえば、マニという旋律をともなった詩歌がある。前にも触れたように、マニのタイトルには仏教用語が多く、内容も自然への畏敬の念や父母兄弟への愛を謳歌したものである。このような独特な詩歌を「仏教的な作品」とみなすのには抵抗を感じる研究者もいる。タイトルはどうであれ、実際は韻をふむなど、あまりにもモンゴルの伝統的な詩歌のスタイルにこだわった作品である。

人びとが先をあらそうように書きうつしてはひろげたもののトップにあげられるのは、詩歌である。ゲシクバト（一八四九―一九一七　写真11）やアムルジャラガル（一八七〇―一九四一）、ダンミリンジャブ、ガルマなど著名な知識人の作品は勿論のこと、オルドス・モンゴル流にいえば、「鼻水とうんこを垂らした子ども」や主婦のつくったことばも流伝される。一九九五年、ウーシン旗のある共産党幹部の玄関に紙がはられた。それには数行の詩が書いてあった。無名の民間詩人の夜のいたずらで、その幹部の汚職をみごとにつづったものであった。詩はたちまちひろがり、幹部もついに告発される運命となった。汚職を批判したその詩は、はってあったからひろがったのではなく、人口に膾炙していたから、誰かが書きとめてはったことも考えられる。

このように、詩歌のなかで特に好まれるのが流行詩である。流行詩は結婚式から誕生する場合が多い。オルドスの結婚式は三日間つづき、人びとの娯楽のチャンスとなる。式のあとにはかならず数種の流行詩が話題になる。式の主催者は一生懸命に客をもてなす。客は辛辣な詩でもって式をもりあげる。ウーシン旗のガルート地方、シャルリク地方は特に流行詩が大量につくりだされるところである。風刺や時勢批評を主

写真11　ガタギン氏族が生んだ著名な詩人ゲシクバト。その作品はモンゴル国が選んだ近代モンゴル文学百篇にも選ばれている

題とする流行詩は、社会の正常な運行を維持する役割をはたしている。モンゴルには古代から吟遊詩人が尊敬される風土がある。権力者は吟遊詩人に手を出してはいけない掟がある。そのため、往時においては王公貴族であろうと、現在においては共産党の幹部だろうと、風刺された対象者たちは苦い思いをする以外はどうしようもなかった。さきに触れたゲシクバトらの詩歌は流行詩の典型にかぞえられよう。一九九一年からオルドスで調査をはじめた私は母親から酒を飲んではいけないと厳重注意された。酒によって醜態をさらし、流行詩にとりあげられるのが心配だったらしい。

詩歌ほど人口に膾炙するわけではないが、同じほど重要なのが年代記である。たとえば、『真珠の数珠《ソブト・エリケ》』という年代記がある。以前一九六五年にハイシッヒが発表した『真珠の数珠』は前半がインド、チベットの王統記となっている。これに対して、私が入手し、公開した三つの『真珠の数珠』は、いずれも一五世紀にふたたびモンゴルを統一した、「中興の祖」ダヤン・ハーン（在位一四七〇—一五四三）から記述しはじめている。バトムンケ・ダヤン・ハーンは長いあいだ分裂状態にあったモンゴル諸部を再統一したあと、遊牧民の古くからの伝統にのっとって、配下を万戸《トゥメン》（万人隊）という軍事・遊牧集団に再編制し、左右（東西）両翼に分けた。右翼はオルドス万戸、トゥメト万戸、ユンシェーブ万戸からなり、コビ草原の南西部に展開していた。右翼のオルドス万戸はチンギス・ハーンを祀る祭殿をたずさえ、その指導者は晋王《ジョノン》と称されていた。左翼はチャハル万戸、ハルハ万戸、ウリヤンハン万戸からなり、ゴビ草原の東方、大興安嶺《イケ・ヒャンガン・ダバー》の西側に配置されていた。大ハーン自身はチャハル万戸に駐営していた（地図2）。

　オルドス・モンゴル部がダヤン・ハーンの六大万戸集団の一つを構成し、オルドス部の貴族タイジもダヤン・ハーンの直系子孫とされる。インドやチベットの王統記よりも自分たちの歴史に関心が集中していたことを手写本があらわしている。冷静に考えると、インド、チベットの王統記はのちに付加されたにすぎない。近代モンゴルにおいて、年代記がどのように誕生するかについては、第二章で詳しくのべる。

　もう一つの年代記、内モンゴルのウラト部のジムバドルジが一九世紀前半に著した『水晶鑑《ボロル・トリ》』という年代記もやはり「モンゴルの歴史」部分が珍重された。インド、チベットの歴史は草原の読者の深い注意をひかなかった。寺院内の一部の知識人をのぞけば、大衆はあくまでもチンギス・ハーンの歴史を知りたかったのであろう。

　物語あるいは小説は、一部のものはその原型をインド、チベット、中国に求めることができたとしても、ほとんどがモンゴル改作版に変身している。医学作品も例外ではない。一九九七年に私はあるモンゴル医者から『ランタブ』という『四部医典』第

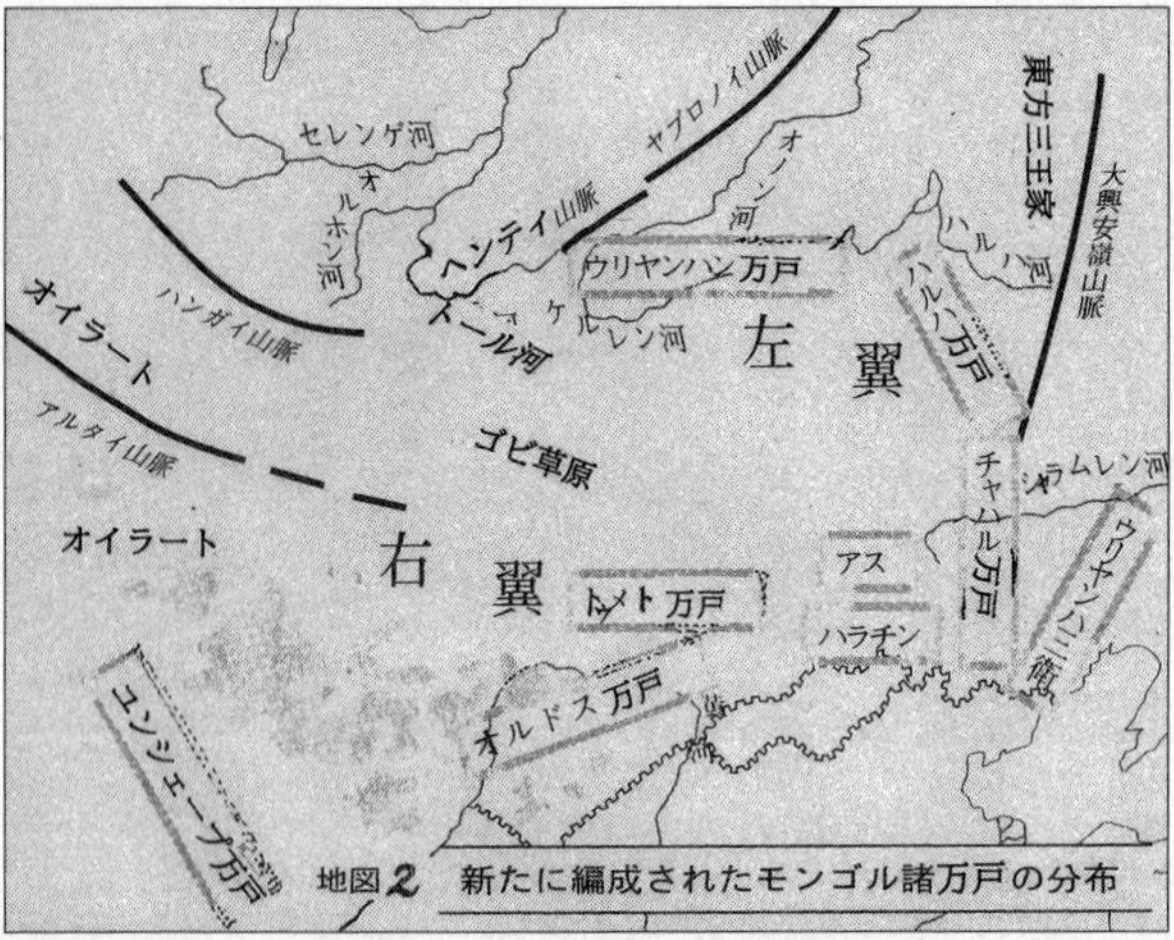

地図2　バトムンケ・ダヤン・ハーンのもとに再編されたモンゴルの左右両翼の六大万戸。宮脇淳子著『モンゴルの歴史』より改編

三部の増補本をゆずりうけた。この『ランタブ』は一七四六年に北京で木版印刷されたことをその奥傅（コロフォン）がしめしている。木版本のなかには大量の書きこみと書きなおしがある。チベットの権威ある医学名著をモンゴルの草原の医学者たちは盲信しなかった。それぞれの臨床経験からモンゴルに適した新しい医学を開発し、発展させてきたのである。木版本におりこまれた草原の医学者たちの思いについて、第三章で詳述する。年代記や医学書を創作した知識人たちの生き方、民族の独立を獲得しようと宿敵の中国との死闘については、第四、五章で描く。

第二章　モンゴル語年代記――英雄たちの歴史

歴史においては、既存の世界史が語る構造やイメージ・概念をまずは、根本から疑ってかかってみたい。世界という枠組みを、もう一度、洗いなおすことである。近代西欧はもとより、アメリカという枠も、中華という枠も、ヨーロッパやアジアという枠も、さらには近代国家、現代文明という考えや、民族・国境という概念も。（杉山正明『遊牧民から見た世界史』）

ユーラシア東部のモンゴル高原に住むモンゴル人は、その隣人の中国人とは完全に異なった歴史観をもっている。その歴史観を識るためには、モンゴル語で書かれた年代記を分析しなければならない。一七世紀以降、モンゴルには数多くの年代記が誕生した。モンゴル諸部のなかで、特にオルドス・モンゴル人は年代記の執筆に熱心だった。その伝統はいまもおとろえることはない。では、モンゴル人はいったい何のために年代記を書いてきたのだろうか。

本章では、一八三五年に書かれた『スゥブト・エリケ』(*Subud Erike*)をとりあげる。スゥブトとは真珠で、エリケは数珠を意味する。以下、本書では『真珠の数珠』と表現する。ちなみに、モンゴル語年代記の書名には「数珠」を用いることが多い。「黄金の数珠」、「宝の数珠」、「水晶の数珠」などがその実例である。ここでは、私が『真珠の数珠』の手写本を追い求めた経緯と、その編纂者たちの事跡を紹介することによって、年代記が誕生するプロセスを概観しつつ、モンゴル人の歴史観に触れたい。

『真珠の数珠』とは?

五色の史書

黄河の南、長城の北にすむオルドス・モンゴル人たちは、年代記を色彩と関連づけて認識している。彼らはさまざまな年代記を「青い史書《ギョクトゥーケ》」、「赤い史書《ウラーントゥーケ》」、「黄色い史書《シャラトゥーケ》」、

「白い史書《チャガントゥーケ》」、「黒い史書《ハラトゥーケ》」と表現する。オルドス地域で生まれそだった私は、子どものころからこうした「五色の史書」に関する伝聞を数多く耳にしたものである。誰それがどの色の史書を重宝しているという話もよくきいた。

故郷オルドスで学術調査をはじめた一九九一年から、私は「五色の史書」を追跡し、入手しようと努力したが、ときはすでに遅すぎた。一九六六年から一九七六年までつづいた、大量虐殺をともなう「中国文化大革命」の赤い嵐がすぎさったあとだったため、年代記をふくむ古い文化財は致命的な打撃をうけた。年代記や古い手写本を隠しもっていても、簡単にみせるようなことはしなくなったのである。それでも私はあきらめなかった。一縷ののぞみをもって長老たちをたずねあるいた。

そうしたなか、私は「青い史書」とよばれ、一八三五年に書かれた年代記『真珠の数珠』に関する情報を手にいれた。ウーシン旗西部にあるシベル寺の僧、ロンルブ（写真12）という人物が以前に『真珠の数珠』とその姉妹篇の『輝かしい鏡《ゲゲーン・トリ》』をもっていたが、「文化大革命」の初期に人民公社の幹部に没収されたという。

シベル寺はオルドス地域ウーシン旗の西部、シャラ・ウスン・ゴル（無定河）という河の南岸に位置する寺である（地図3）。寺の南から万里の長城まで広がるイケ・シベル平野はホトクタイ・セチェン・ホン・タイジ（一五四〇―一五八六）の故郷で

写真12　シベル寺の高僧ロンルブが1936年に長城の要塞都市・楡林堡で撮った一枚。
写真提供:Qasaghula

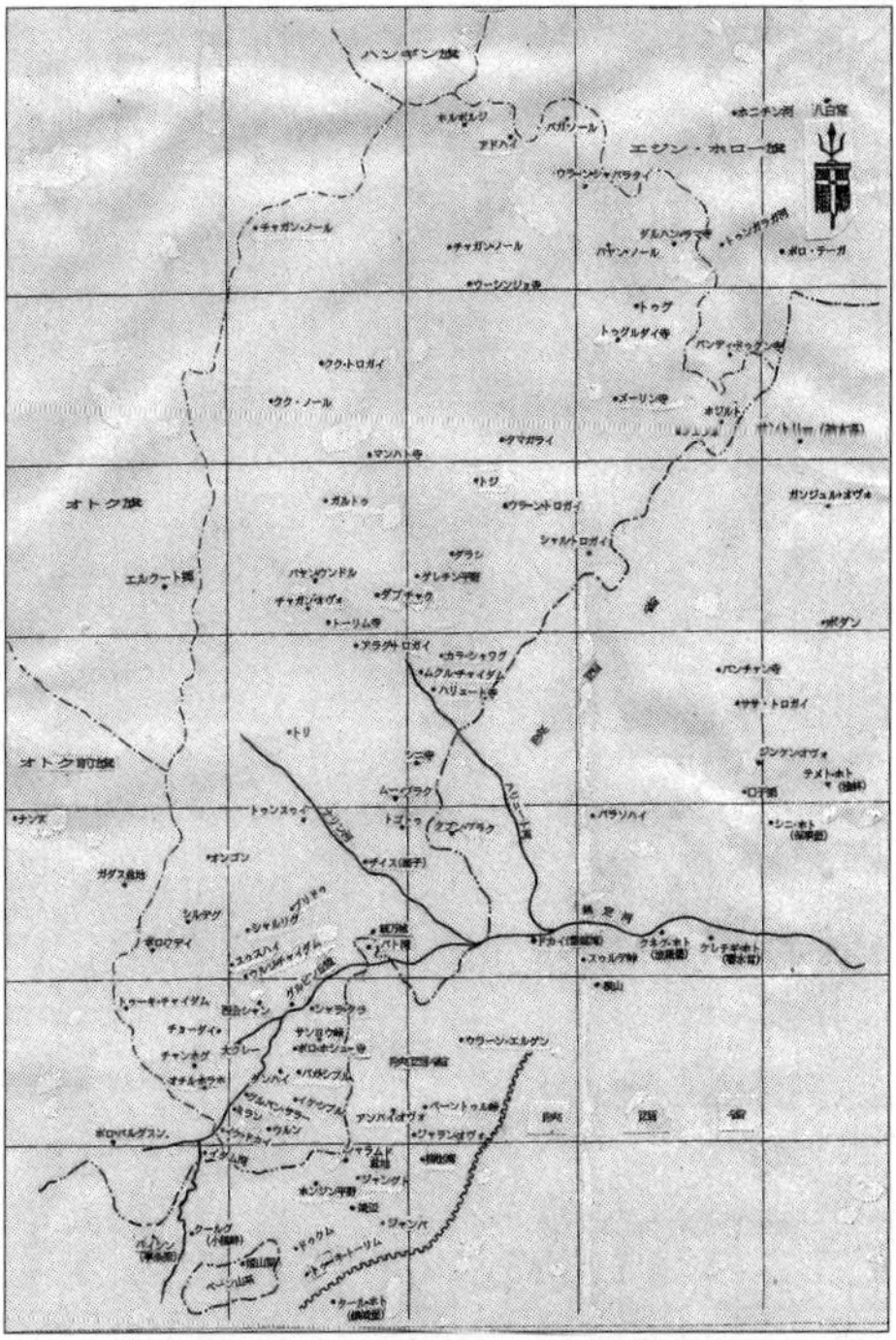

地図3　清朝後半期のオルドス西部ウーシン旗

ある。ホトクタイ・セチェン・ホン・タイジはチベット仏教をモンゴルにふたたび導入する際に、重要な役割をはたした人物である（写真13）。イケ・シベル平野は仏教再導入後に、第三世ダライ・ラマが一五八五年頃におとずれた場所の一つである。オルドスの民間では、シベル寺も往時のホトクタイ・セチェン・ホン・タイジと深い関係のある寺だと伝承されているし、貴族たちは寺を菩提寺として認識している。年代記『輝かしい鏡』は、ホトクタイ・セチェン・ホン・タイジの伝記だ、と地元のオルドスでは一般的にそうみられている。

私は一九七二年から一九七七年まで、シベル寺の近くにすむ母方の祖父母の家からある小学校に通っていた。祖父母の家はシベル寺の僧坊だった。すぐとなりにはシベル寺の僧がひとりすんでいた。夜になると、彼はいつも一三歳の少女の大腿骨でつくった骨笛《ガンドウ》をふいたりしていたので、怪僧とよばれていた。この怪僧は、年代記『真珠の数珠』と『輝かしい鏡』をもっていた僧ロンルブの親戚だったと知ったのは、最近のことである。

僧ロンルブから年代記を没収したウーシン旗の人民公社の元幹部にも接触してみた。彼はオリジナルの年代記がどこにあるかについては何も語らずに、『真珠の数珠』も『輝かしい鏡』も一部ずつ写してあげてもいいと承諾した。この人民公社の元幹部は

写真13　オルドスに伝わるホトクタイ・セチェン・ホン・タイジ（下方中央）を描いた仏画。中心のチンギス・ハーンは仏教の神として君臨し、右下には年代記『蒙古源流』の著者サガン・セチェン・ホン・タイジが座っている
写真提供:Baturabdan

一九六〇年代に「封建主義の古い文化を否定するため」に多数の手写本を彼のまわりのモンゴル人から没収したが、その多くはいまだに彼個人の手元に隠されているのではないかと噂されている。私は当分のあいだ、彼があらたにみずから抄写してくれた『真珠の数珠』と『輝かしい鏡』をながめて満足するしかなかった。

人民公社の元幹部は私に一つの情報を提供してくれた。隣接のオトク旗の人民検察院につとめるゲンドゥンジャブ（漢名　黄殿成）の手元に一冊の『真珠の数珠』があるという。かつては「共産主義革命のため」に燃えていた男はじつは無類の愛書家でもあった。彼は草原の人びとが、誰がどんな古い書物をもっているかもじつによく知っていた。しかし、私はなかなかゲンドゥンジャブに会う機会がなかった。

その後私は、シベル寺の僧ロンルブが一九五四年に『輝かしい鏡』を一冊内モンゴル社会科学院に寄贈したとの情報をえた。現代オルドス・モンゴルの代表的な知識人たちは、あいついで内モンゴル社会科学院所蔵の、僧ロンルブ寄贈の写本を利用して研究している。たとえば、ウーシン旗出身で、現在内蒙古档案館の研究員をつとめるナラソンは、一九八四年に『オルドス・モンゴル人が書いた歴史的文献』の第二輯に、『真珠の数珠』と『輝かしい鏡』を収録している。つづいてオトク旗のソノム（曹納木）も一九九五年に『真珠の数珠』と『輝かしい鏡』を一冊の本におさめて北京から出版した。そのうち『輝かしい鏡』はかつて一九五四年に僧ロンルブが内モンゴル社会科学院に寄贈した写本を現代の正字法になおしたものであった。『真珠の数珠』は例のオトク旗のゲンドゥンジャブの蔵書を底本に利用していた。

外国人探検隊と年代記

北欧の国、デンマークに世界第二位を誇るモンゴル・コレクションがある。コペンハーゲンにある王立図書館には、およそ五六〇数点のモンゴル語手写本と木版本が保有されている。このコレクションの大半は一九三八年―一九三九年におこなわれたデンマーク王立地理学協会の第二回中央アジア探検によって獲得できたものである。その際、先頭にたって指揮にあたっていたのはハスルンド・クリステンセンである。

当時の内モンゴルにはアジアの新興勢力の日本帝国が進出していた。長期にわたる内乱と戦争によって、貴重なモンゴル語文献が喪失することに、ヨーロッパの知識人たちは危機感をいだいていた。なかには、「モンゴル人の次の世代には、モンゴルは畜群が草を食み、工場の煙突は煙を吐き、コーン・ビーフが大量に生産されるような大草原と化しているであろう。ただ不毛の西モンゴルにおいてのみ、まだ若干の天幕が散見されるであろう。そこには自然保護公園と保護地域が設けられるのであろう」

と予測する人もいた。この予測はみごとに的中したといえよう。ただし、モンゴル文化を衰退に追いこんだのは日本帝国ではなく、宿敵の中国である。

デンマークの調査隊が日本軍コントロール下の内モンゴルの首都綏遠《すいえん》についたのは、一九三八年一〇月のことだった。しばらくしてからチャハル地域のハダイン・スメという寺にうつり、ここで文献収集作業をはじめた。作業が順調にすすんでいた一九三八年一二月一七日正午頃、ドラマティックな出来事がおこった。

モンゴル人の男がデンマーク隊のテントにはいってきて、床のうえに大の字になって体をのばした。それからハスルンド・クリステンセンは元気か、結婚したか、スウェン・ヘディンは元気か、と根ほり葉ほりききだした。男はタバコをすい、知りたい情報をきいてから、『モンゴルの支配者チンギス・ハーンの真珠の緒の系譜』と題する写本を売った。代金は一五ドルで、男の名はビャンバであった。いわゆる『モンゴルの支配者チンギス・ハーンの真珠の緒の系譜』は、『真珠の数珠』の一抄本だった。

男はおそらく一九二七年から一九三五年にかけて実施された、スウェーデンの地理学者スウェン・ヘディン指揮下の中国西北科学考察団がチャハル地域を通過した際に、偉大な探検家スウェン・ヘディンやハスルンド・クリステンセンと知りあったのであろう。この時、ハスルンド・クリステンセンは調査隊の副隊長をつとめていた。彼はモンゴル人に対する深い理解と愛情を、『モンゴルの人と神』という名著のなかにおりこんでいる。流暢なモンゴル語と被調査者に寄り添う姿勢から、彼は行った先々のモンゴル人社会で絶大な人気を得ていた。

チャハル地方の男ビャンバがデンマーク隊に売った『真珠の数珠』は現在コペンハーゲン王立図書館にねむっている。ハイシッヒによると、整理ナンバーはMong.140で、二二×二四・五センチで、計四二葉からなり、一ページに一二行の文字があるという。

デンマークの調査隊が内モンゴルで活動していたころ、日本軍の密偵がずっとそのあとをつけていた。大量の書籍や民族学的資料を税関からもちだすには工夫が必要だった。天才学者カーレ・グレンベクとその妻が、手写本類を靴下につめこんだり、みただけでしりごみするような下着にくるまったりして税関を通過した。ハイシッヒは、カーレ・グレンベクの行為を「非常に冒険的」だった、と伝えている。

一方、日本の研究者たちは歴史的に内モンゴルの東部地域で豊富な現地経験をもっているものの、手写本や木版本に関心をもたなかったらしい。なにしろ、当時、現場にでかけていったのは漢文資料の読解訓練をうけた東洋史学者か、自然科学者たちが多かったから、彼らにドイツやロシアの探検隊のような文献収集を期待するのが、そもそも酷であろう。

しかし、重要な発見がなかったわけではない。東方文化学院の研究員であった江上波夫は一九三九年に、内モンゴル中部のオロン・スメ遺跡の仏塔址から発見した大量のモンゴル語の古文書をもちかえった。オロン・スメ遺跡はかつてテュルク系の遊牧民オングートの拠点だった。オングート部の首長は代々、チンギス・ハーン家と通婚をかさね、大元ウルス時代の有力な王家の一つであった。王家はキリスト教ネストリウス派の信者だったが、ローマ教皇が派遣した使者によって一三世紀末にカトリックに改宗している。オロン・スメから十字架の刻まれたシリア文字の石碑を発見している。オロン・スメとは、「多数の寺院」の意味であるが、それは一六世紀後半以降に、この地に建った仏教寺院からの名称である。

オロン・スメからもたらされた古文書は、当時まだ若かった著名な言語学者服部四郎に渡された。江上にとって、一三世紀のものは、時代的に「新しすぎた」からである。「破き捨てられたような多くの小さい断片からなっており、皺くちゃでまだ泥がついていた」文書の解読を依頼された服部四郎は、「迷惑だ」と思いながら引き受けた、と「江上波夫君と私」（一九七六）という一文のなかで回想している。「迷惑」な古い文書はその後、一時はどこに捨てられたかさえも分からなくなっていた。

ドイツの碩学ハイシッヒは戦中と戦後に合わせて三回ほど来日して古い文書を研究した。『内モンゴルのオロン・スメ発見のモンゴル語碑文と写本断片』（一九六二）と『内モンゴルのオロン・スメ発見の手写本の残余部』（一九七六）という二冊の大著は、日本人研究者とヨーロッパのモンゴル学者との違いを鮮明にしている。

オロン・スメから発見された古文書は現在、横浜ユーラシア文化館などに保存されているそうである。

モンゴル人と『真珠の数珠』

清朝が崩壊し、中華民国が成立する。王朝交替期にモンゴルの一部は独立し、一部は中華民国領内でかぎられた自治権に満足しなければならなかった。こうしたなか、内モンゴルの知識人たちはあいついでさまざまな新聞や出版社をつくって、印刷物と活字によって民族文化の復興をうながそうとした。印刷物には当然、モンゴル語の年代記もふくまれている。

一九二七年、奉天《ムグデン》ことといまの沈陽市内の南関聴雨胡同《ナンクアンティンユーホートン》という、ロマンチックな名前のついた巷の片隅に「東蒙書局」が設立された。ちなみに胡同《ホートン》はいまや北京をはじめ、北方中国の都市部にある巷や市街を意味する言葉となっているが、もともとは天幕の近くにある家畜の寝床を指し、そこから転じて屯営地や町を指すようになったモンゴル語のホトに由来することばである。

東蒙書局の設立にあたって重要な役割をはたしたのは著名な文化人、教育者のケシンガ（一八八八―一九五〇）とルルガルジャブ（一八八八―一九四一）であった。東蒙書局は数多くの啓蒙教育用のテキストを出版したほか、『真珠の数珠』のような年代記も印刷して公開した。

東蒙書局から一九二七年に出された『真珠の数珠』は石版印刷である。奥付《コロフォン》に「もとの底本通りに抄写し、印刷した」とあることから、おそらく手写本を底本にしていただろう。東蒙書局の設立者ケシンガの令嬢の回想によると、彼は大の書籍収集家で、千点以上ものモンゴル語とチベット語、満洲語の写本や木版本を有し、そのなかには年代記作品もふくまれていたという。『真珠の数珠』もケシンガのコレクションにはいっていたのであろう。『真珠の数珠』の歴史学的価値にきづき、いちはやく出版に付した東蒙書局編集者たちの慧眼は驚嘆すべきものである。

さて、人民公社の元幹部が私におしえた、ゲンドゥンジャブが所蔵していた『真珠の数珠』は奉天《ムグデン》にある東蒙書局からだされた石版本であることはわかっていた。東蒙書局が出版した『真珠の数珠』を全文ドイツの碩学ハイシッヒとオルドスのソノムが発表している。『真珠の数珠』も『輝かしい鏡』もすでに公開されている以上、もうこれ以上追跡する必要もないように思われたときもあった。

ところが、ふだんからいくら努力しても手にはいらない宝物でも、意外なところからあらわれることがある。一九九五年春、私はフフホト市に住む叔父のオーノス（写真14）が収集した手写本類を整理することになった。都市のアパートに住む叔父は、いつも古本や古文書に埋もれてくらしていた。オーノスの手写本コレクションには三冊の『真珠の数珠』がふくまれている。ここにいたって、私はようやく草原の人びとが「青い史書」とよぶ『真珠の数珠』の写本をみることができたのである。そのときの感動は、とてもことばではいいつくせないものがある。

オーノスの手写本コレクション内にある三種の『真珠の数珠』を私はそれぞれオーノス・テキストA、オーノス・テキストB、オーノス・テキストCとよんだ。

オーノス・テキストAは表紙にモンゴル語で「大元王朝の英明聖主チンギス・ハーンの伝記、真珠の数珠の第四部」というタイトルがある。中国製の紙を二つ折りにし、紙糸で左綴じにした冊子本で、大きさは一三・八×二六・五センチである。計二二枚で、一頁に六行毛筆で書いてある。

写真14　膨大な量にのぼるモンゴル語手写本を保管していたオーノス。1958年秋に北京で撮ったもの

オーノス・テキストBは表紙に「チンギス・ハーンの出自伝記をつづった書、貝のごとき白い書これなり」というタイトルがある。こちらも中国製の紙を二つ折りにし、紙糸で左綴じにした冊子本で、大きさは一一・五×二五・五である。計一八枚で、一頁に六行毛筆で書いてある。書名の「貝のごとき白い書」も特徴的である。

オーノス・テキストCは残本である。表紙と後半の数頁が欠けている。大きさは二三・五×二七・〇センチで、現状では計七枚あるが、六枚目と七枚目は半分が欠けている。一頁に一四ないし一五行毛筆で書いてある。

こうして私は三冊もの「青い史書」を同時に手にいれたのである。モンゴル語の年代記は、たとえそれが一三世紀以降の歴史について書かれたものであっても、「チンギス・ハーンの伝記」云々、とのタイトルがつけられるのも特徴的である。要するに、歴史はチンギス・ハーンを主軸としなければならないのである。

『真珠の数珠』の手写本を公開するためには、石版本との比較がかかせない。二〇〇二年夏、私はオトク旗のオルジャチという町に住む元気な老知識人ソノムと再会した。反骨精神が強く、中国の抑圧と世の不正をつねに大胆に批判するソノムは、「千の悪罵のもちぬし」とのあだ名をもつ。公務から引退した現在、オルジャチという町で「モンゴル学図書館」をひらきながら執筆活動をつづけている。私はソノムから一九二七年に奉天《ムグデン》で出版された石版印刷の『真珠の数珠』を借りることにした。二〇〇三年秋、私はオーノス・コレクション内の三種の手写本と、ソノム老より借りた、一九二七年に奉天でだされていた石版本とあわせ、計四種の『真珠の数珠』を『モンゴル文化研究』の第六巻として影印出版した。ハイシッヒによって公開されている東蒙書局の石版本を再録したのは、草原の読書人たちが簡単によめるようにするためである。

年代記の編纂者たち

『真珠の数珠』の成立に関係の深い人物はウーシン旗の王で、貝子《ベイス》の爵位をもつバダラホ、貴族《タイジ》グンチュクジャブ、チンギス・ハーンの祭殿「八白宮」の祭祀者であるビルーンダライとアルビンサン、僧シュンラワ、スマディ・ダルマ・ガルディである。関連資料が少なかったためか、上記編纂者たちに関する研究は長いあいだ空白のままだった。以下、私はこれらの編纂者たちについて、現時点で把握している情報をできる限り詳しく紹介したい。これは、年代記『真珠の数珠』の成立を理解するうえできわめて重要である。

貝子バダラホ

まず、貴族グンチュクジャブについては、コロフォンから彼は「貝子《ベイス》バダラホの印璽を管理する四等の貴族で、「智慧をもち、正直な大臣」の称号をもっていたことがわかる。私は近年内モンゴルから出版されたオルドス・モンゴルに関するさまざまな資料をしらべたが、一九九八年に刊行された『チンギス・ハーンの八白宮』という、清朝時代から中華人民共和国初期にかけて八白宮に関する第一次資料をあつめた著作のなかに、グンチュクジャブに関する資料が一つだけある。それは一八三七（道光一七）年にグンチュクジャブらからイケ・ジョー盟の副盟長にだされた報告書である。報告書は「八白宮」の神聖な馬に関するものである。この神聖な馬は一三世紀にチンギス・ハーンが天にささげた馬から代々転生してきたものと信仰されている（写真15）。八白宮の神聖な馬としてあらたに転生し認定された場合、その馬のもちぬしに銀六〇両をイケ・ジョー盟の七旗が共同で拠出していた。ウーシン旗はその銀をしはらった、と貝子《ベイス》バダラホの印璽を管理するグンチュクジャブは報告している。このように、一八三五年に『真珠の数珠』が書かれた二年後の一八三七年にグンチュクジャブはまだ健在であったことがわかる。それ以降の消息は不明である。

貝子《ベイス》バダラホはオルドス地域ウーシン旗の歴代王（札薩克《ジャサク》）のなかで、もっとも民

写真15　チンギス・ハーンの祭殿・八白宮の神聖な馬から祝福を受けるモンゴル人女性たち。1992年春撮影

衆に愛されていたひとりである。民衆は親しみと尊敬から彼を「聖なる殿様《ボグド・ノヤン》」とよんでいた。

清朝に関する半ば公式記録に近い、『清史稿』によると、バダラホは一八二九年に父の貝子《ベイス》爵をうけついで、ウーシン旗の札薩克《ジャサク》になった。札薩克《ジャサク》になってまもなく、彼はみずからの駐営地をウーシン旗東部のバヤントロガイから南のバダリン・ハラ・トロガイへうつした。その後彼はさらにトジ、タマガライなどの地に駐営していた。清朝時代、大規模な移動遊牧はできなくなっていたが、王の宮帳だけは移動をくりかえしていた。

諸々の資料から判断してバダラホが札薩克《ジャサク》になってからまずやりとげた大きな仕事は、二つの年代記『真珠の数珠』と『輝かしい鏡』の編集を組織したことである。そのうち『真珠の数珠』はモンゴルの政治史で、『輝かしい鏡』は一六世紀のホトクタイ・セチェン・ホン・タイジという人物の活動を中心に書かれた宗教史である。この二つの年代記はいずれも一八三五年に成立した、と伝えられている。モンゴルにおいて、「政治と宗教」は古くから国をおさめる二つの根本的な理論とされてきた。「政治と宗教」はどうあるべきかを年代記に書きとめたバダラホは、一八三五年の時点で、おそらくは大志をいだく青年だったのであろう。

バダラホは一八五四（咸豊四）年にイケ・ジョー盟副盟長とチンギス・ハーンの祭殿八白宮の祭祀を主催するジョノンになった。このときバダラホはジュンガル旗の王ジャナガルディと副盟長のポストをめぐってあらそったという。

順風満帆に政界をわたり歩いていたバダラホは、一八五八年にイケ・ジョー盟の盟長に昇任する。しかし、まもなく彼と、万里の長城の近くにあるサイントラ（中国名神木）地域の漢人とのあいだで衝突が発生し、バダラホはうったえられた。この事件の原因は不明であるが、まもなくウーシン旗内のハリューティン・スメという寺で、盟長バダラホのトラブルを審議する集会が副盟長主催でひらかれた（写真16）。バダラホには六ヶ月間の俸禄を没収する罰金刑がいいわたされた。それでも彼は盟長のポストをうしなわなかった。

同治年間（一八六二―一八七四）に発生し、西北中国を席捲したイスラーム教徒の蜂起は、モンゴル高原西部全体、なかんずくオルドス地域に大きな混乱と被害をもたらした。盟長バダラホはモンゴル軍をひきいて戦い、輝かしい軍功をたてる。民間ではバダラホ王は「乗っていた白い馬が血で赤色に染まるほど戦った」と伝えられている。彼は清朝政府から褒美としてあたえられた大金をすべて仏教寺院の建設に投入した。ついでに指摘しておくと、モンゴルの寺院はほとんどが学問寺である。寺院建設

写真16　清朝時代のモンゴルの王たちの会盟を描いた絵。ベルギーの中国博物館所蔵

はいわば、学校を立て直すのと同じ慈善行為である。学問寺でチベット語とサンスクリットが教えられていた（長尾雅人『蒙古学問寺』）。だから、バダラホ王は反乱鎮圧後に大金をそそいで寺院を建てたのである。

この頃、カトリックの聖母聖心会スキュート派の神父たちが、イスラーム教徒の蜂起がおさまるのをまって内モンゴル各地を旅し、宣教に相応しい地域をさがしまわった。ウーシン旗のタマガライの地にあるバダラホの宮帳を神父たちは一八七四年三月におとずれた。神父たちの一行は、バダラホから盛大な歓迎をうける。宣教師たちが布教の許可を得ようと求めたところ、「我々は人間の心のことまで管理しない」、と返事したそうである。その後、バダラホ王の寛大な治世と無関係ではなかろう。この年、教活動を展開できたのも、バダラホ王の寛大な治世と無関係ではなかろう。この年、バダラホは先頭にたって自然災害から遊牧民たちをまもった功績により、貝子《ベィス》から貝勒《ベィレ》に昇進する。

バダラホに関するほほえましいエピソードは民間にたくさんある。彼は異常なほどの肥満体であった。モンゴル人の天幕にはいると、いたずらざかりの子どもの腕をお腹のたるみにはさんでしまうこともあったという。

バダラホには四人の妃がいた。地元ウーシン旗出身者、トゥメド・モンゴル出身者、それにトルグート・モンゴル（写真17）とチャハル・モンゴル出身の四人であった。さまざまな部族と婚姻関係をひろくむすぶことによって、みずからの政治力を強化しようとしたのであろう。彼の遺体はウーシン旗東部のシャリリン・エンゲル（「舎利のある斜面」との意）という地に埋葬された。一八八三年一二月、「聖なる殿様」はついに帰らぬ人となった。ここは、ウーシン旗内に住むチンギス・ハーンの直系子孫たちの集団墓地があるところである。しかし、文化大革命中にはその墓も中国人に破壊され、遺骨《シャリ》も掘り起こされた。

チンギス・ハーンを語る有資格者

『真珠の数珠』を書くために、貝子《ベイス》バダラホが組織した編纂委員会に、チンギス・ハーンの祭殿である八白宮（写真18）の祭祀者ビルーンダライとアルビンサンがくわわっている。ビルーンダライとアルビンサンについては、文書集『チンギス・ハーンの八白宮』に多くの資料がふくまれている。これらの文書資料をもちいて、彼の一生の主な事跡を再構成してみたい。

一八五一（咸豊元）年一〇月二四日にビルーンダライからイケ・ジョー盟盟長にだされた文書のなかに、「僕《しもべ》たる私目は本年八三歳となり」、との一句がある。この表現

写真17　東トルキスタンこと新疆に暮らすトルグート・モンゴル人。
1992年夏撮影

写真18　チンギス・ハーンの祭殿・八白宮。元々は天幕だったが、1954年に建てられたこの固定建築の祭殿は、その前の1944年に日本軍主導で内モンゴル東部の満洲国の王爺廟に建設されたチンギス・ハーン廟の建築様式を全面的に継承している。チンギス・ハーン廟は明治神宮外苑の絵画館をモデルとしている

から単純に計算すると、ビルーンダライは一七六八（乾隆三三）年生まれになる。年代記『真珠の数珠』が書かれた一八三五年には、彼はすでに六七歳に達していたことになる。

ビルーンダライが祭祀者集団ダルハトのなかで最高位のタイシ（太師）という爵号をもち、アルビンサンはジャイサン（宰相）であったことを、年代記『真珠の数珠』の奥付はしめしている。タイシやジャイサンの爵号はチンギス・ハーンの側近のひとりで、「四駿」と称する四人の将軍のうちのひとり、ボウルジの子孫のみにあたえられていた。ボウルジ家出身の祭祀者たちには、チンギス・ハーンの歴史をもっともよく知っている、という自負がある。

ボウルジ一族の家系譜も上記『チンギス・ハーンの八白宮』に収録されている。家系譜をしらべたところ、ジャイサン・アルビンサンはタイシ・ビルーンダライの長男であることが判明した。『チンギス・ハーンの八白宮』のなかで、一八一六年の文書に、ビルーンダライはすでにタイシとしてあらわれている。このとき、彼はその兄のジャイサン・バトジャラガルとともに登場している。タイシ・ビルーンダライの息子ジャイサン・アルビンサンの名前も、同じ嘉慶年間（一七九六―一八二〇）のかなり早い時期の文書から確認できる。タイシ・ビルーンダライから八白宮祭祀の最高責任者ジョノン（晋王）にだされたある文書のなかで、彼はチンギス・ハーンの直系子孫たちに対し、「あなたたちの父祖、主君チンギス」との文を書いている。貴族でさまざまな特権をもつチンギス・ハーンの直系子孫たちに対しても堂々たる態度をとる、ほこり高い祭祀者の格調高い文章である。

ビルーンダライの正式の爵号は何であったのであろうか。一八三七年二月二三日つけの文書のなかに、「チンギス・ハーンの祭祀を専門につかさどる者、聡明にして強い意志をもつ長官、タイシ・ビルーンダライ」との表現がある。この表現は年代記の奥付内のことばともだいたい一致する。

チンギス・ハーンの祭殿八白宮には年代記をふくめ、さまざまな史料が保存されていた。祭祀者集団の最高管理者タイシは、八白宮内にある各種文書や史書、祭祀者自身の状況をしめす資料を作成し、保管しなければならなかった。一八一七年八月一五日に、タイシ・ビルーンダライは「大いなる祭祀者ダルハトたちの各家の功績などを漏れなく一冊にまとめよう」としたことを報告している。当然、タイシ・ビルーンダライは八白宮にどんな古い資料があるかも熟知していたはずである。貝子《ベイス》バダラホ指導のもと、『真珠の数珠』が編纂されたとき、これらの史料も利用されたことを、年代記自体が伝えている。

祭祀者集団の最高責任者であるがゆえに、いざ祭祀者の誰かが政治的な波風にさらされたとき、タイシ・ビルーンダライはつねに先頭にたたなければならなかった。一八二四年、タイシ・ビルーンダライがかかわった訴訟事件が発端となって、祭祀者たちが所持していたタイシ（太師）、タイポ（太保）、ジャイサン（宰相）、ホンジン（官人）という「尊き四つの爵号」が清朝政府によって剥奪されてしまう。いわゆる「爵号剥奪事件」である。この事件は内外モンゴル各部に大きな衝撃をあたえた。祭祀者たちはチンギス・ハーンの側近や功臣、あるいは後世の大ハーンたちの近臣たちの子孫からなり、その身分は世襲制だったからである。タイシ・ビルーンダライは当然これを不服とし、内外モンゴルの多くの王公たちに爵号の回復をうったえた。

祭祀者の「爵号剥奪事件」については清朝政府内でも意見が一致しなかった。一八二八年にはいって、内外一〇盟の王公たちが連名して祭祀者の爵号回復を清朝政府にねがいでた。さすがに清朝政府もこの行動を無視できず、道光皇帝もいったんだした爵号廃止令を撤回するかたちで事態は収拾された。『真珠の数珠』は爵号剥奪事件のきっかけ等についてはふれずに、爵号が回復されたことだけをのべている。事件のなかで、モンゴル側からみれば、爵号剥奪を政府に提案したユンシャンは悪人とされている。ユンシャンの死も彼の悪業と無関係ではない、との見方を年代記がしめしている。清朝の支配下にはいって無力化していたモンゴルの諸部は、祭祀者の爵号回復事件で、一時的ではあるが、政治的な結束を演出できたといえよう。

チンギス・ハーンをまつる祭祀者たちは、いっさいの公務にたずさわることを禁じられ、ただ一つ、八白宮の祭祀に専念するために組織された人びとである。精神的な面でも、少なくとも建前上はいかなる宗教にも興味をしめしてはならないことになっていた。しかし、タイシ・ビルーンダライはまた非常に熱心なチベット仏教の信者であったことも、彼に関する古文書から確認できる。一八一八年に、彼は祭祀者集団のために、仏教寺院を建設したいと政府に申請していた。この寺院が、祭祀者たちにとっての最初の仏教寺院かどうかは不明である。

一八四一年には、タイシ・ビルーンダライはチベットへ聖地巡礼におもむいている。このとき、彼は七三歳の高齢に達していたはずである。チベットで彼はパンチエン・ラマに大量の銀を献上しており、少なくともその一部はジュンガル旗の札薩克《ジャサク》で、ジョノン・チャクドゥルスレンから借りたものである。のちに彼がジョノン・チャクドゥルスレンをうったえているが、借金の存在も両者のあいだのトラブルの一因であったかもしれない。タイシ・ビルーンダライの長男はジャイサン・アルビンサンであることはすでにふれたが、五番目の息子はチベット仏教の学僧であった。ジャイサン・アルビンサンもその偉大な父親の陰に隠れてしまった印象がつよい。

さて、タイシ・ビルーンダライはいつ亡くなったのだろうか。

一八五四年四月二一日つけでジュンガル旗の札薩克《ジャサク》で、貝子《ベイス》ジャナガルディから盟長にだされた文書にはまだ彼の名前が確認できる。その後四月二五日つけで、同じ貝子《ベイス》ジャナガルディから副盟長に呈した文書では、タイシ・ビルーンダライはすでに死去したとある。タイシ・ビルーンダライはおそらく郡王旗内の八白宮の近くに住んでいたのであろう。八白宮からジャナガルディの住むジュンガル旗までは馬で二〜三日の距離である。当時の情報伝達の状況からみて、『真珠の数珠』の編集者のひとり、タイシ・ビルーンダライは多分、一八五四年四月中旬以降に八六歳で亡くなったのであろう。

ガンジョール・スメ寺の学僧

年代記『真珠の数珠』の編纂委員会にはウーシン旗にあるガンジョール・スメ寺の僧たちが参加している。シュンラワ・ラハランバとスマディ・ガルディ・ダルマあるいはスマディ・ダルマ・ガルディの二人である。ついでにいうと、ガンジョールはまたカンジュールやカンギュールとも表記し、『大蔵経』の意味である。

ガンジョール・スメ寺は、地元オルドスではウーシン・ジョーとの名称でしられている（写真19）。オルドスの民俗学者ハスビリクトは、この寺は仏教が再導入された直後に建てられたとしている。一五七七年にチベットの地からナンソという僧がやってきて、シャンディン・ゴル河の近く、タブン・トロガイの地で建てた天幕の寺院が最初だという。その後一七一二（康煕五二）年に固定建築の寺院が建つ。乾隆年間（一七三六―一七九五）に皇帝より「勅命を賜って建てられた大蔵経（ガンジョール）の寺院」との名称があたえられる（地図4）。

チベット語で書かれ、一九八〇年代にモンゴル語に翻訳された『ガンジョール・スメ寺の縁起』というテキストがある。そのテキストによると、ウーシン旗の熱心な仏教徒、ときの王（札薩克《ジャサク》）チャクドゥルジャブの要請にこたえるかたちで、ダライ・ラマはハルハ地域出身で、チベットで修行し、ラハランバの称号をもつロブサンドルジをオルドス地域のガンジョール・スメ寺に派遣した。ときは一七六四年であった。この人物がガンジョール・スメ寺の初代活仏にあたる。

年代記『真珠の数珠』が書かれた一八三五年頃、ガンジョール・スメ寺は第二代活仏ロブサンドゥブデンドルジの時代であった。第二代活仏は一八二九年に山西省にあ

写真19　オルドス西部の名刹ガンジョール・スメ寺

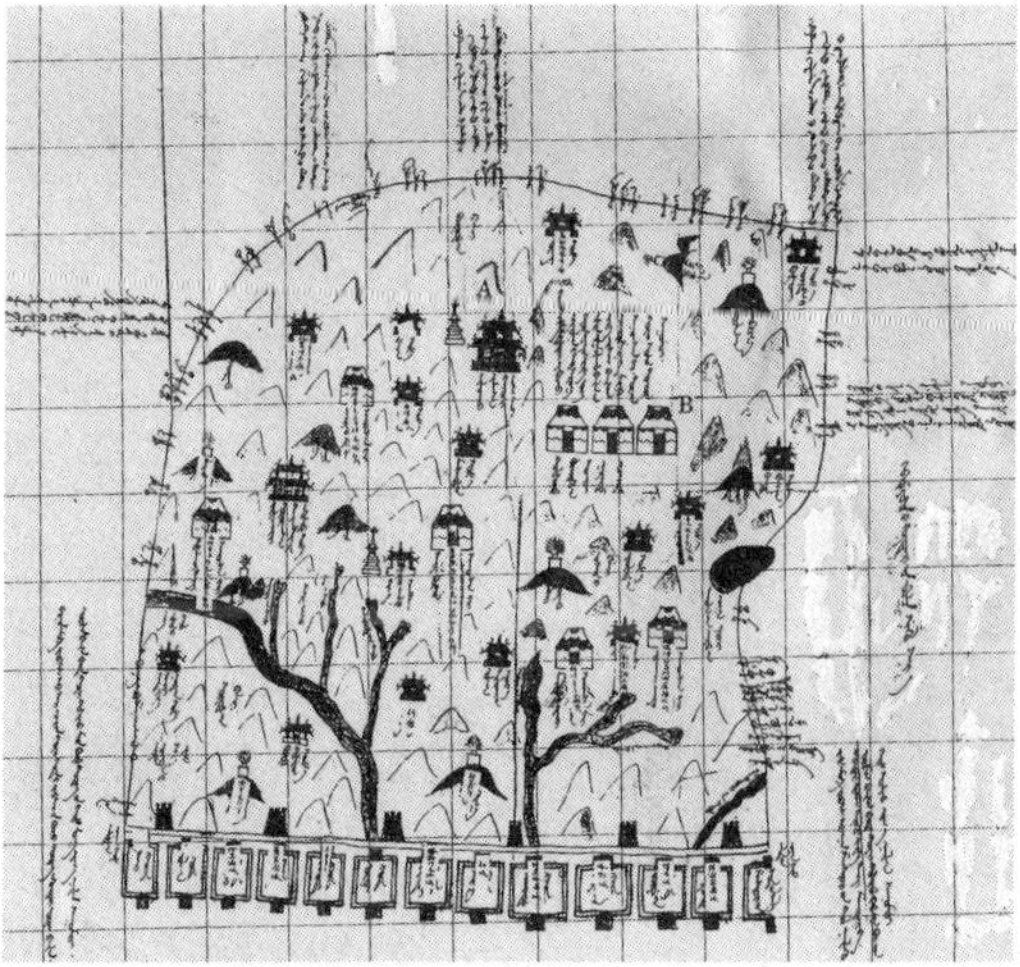

地図4　1910(宣統二)年に描かれたウーシン旗全図。中央の三つの宮帳は聖王バダラホの息子、貝子チャクドラセレンの駐営地で、その北に王家の菩提寺ガンジョール・スメ寺が大きく描かれている。A:ガンジョール・スメ寺　B:王の駐営地

る仏教の聖地五台山（写真20）に参拝し、翌一八三〇年にウーシン旗に帰還する。五台山は文殊菩薩降臨の地とされ、チベット仏教の信者たちが巡礼する聖地の一つである。一八三九年にはまたハルハへでむいて、活仏ジブツンダンバ・ホトクトに参詣している。年代記『真珠の数珠』はこの間に成立したことになる。

ウーシン旗の王のつよい要請で活仏をむかえることができたガンジョール・スメ寺は当然、ウーシン旗の王一族と強固な関係でむすばれていた。『ガンジョール・スメ寺の縁起』はバダラホを将軍貝子《ジャンジュン・ベイス》とよび、重要な仏教行事や僧侶の昇進にはすべて将《ジャン》軍貝子《ジュン・ベイス》バダラホがかかわっていたことを記している。

『ガンジョール・スメ寺の縁起』のなかに、年代記『真珠の数珠』の編集者のひとり、シュンラワ・ラハランバと同じ名前の人物名が確認できる。ガンジョール・スメ寺の第三代活仏ルブサンドゥブデンジグメドルジの師匠のひとりに、シュンリワという僧がいる。第三代活仏は一八四五年に、チンギス・ハーンの第二妃クランをまつる場所、バガ・エジン・ホローという地に住む、八白宮の祭祀者の家に転生した。チベット仏教の高僧が八白宮の祭祀者の家庭から生まれかわったことは、仏教とチンギス・ハーンとの新しい融合関係ができつつあることをしめしている。

「聖なる活仏が一二歳になった一八五六年六月一七日から、チョイル・ラサンという

写真20　仏教の聖地・五台山

宮殿にはいり、シュンリワ・ガブジュー・ソノムザンブとラハランバ・ゲンドゥンサンゲブらを師匠としてあおぎ、深意ある経典の精粋をまなんだ」と『ガンジョール・スメ寺の縁起』にある。現段階で、このシュンリワを『真珠の数珠』の編集者のひとりシュンラワ・ラハランバと同一人物とする以外、選択肢はなかろう。ラハランバもガブジューも、すべて高僧の称号であり、ガンジョール・スメ寺でもこうした称号を僧にあたえていた、と『ガンジョール・スメ寺の縁起』は明記している。したがって、高僧シュンラワはラハランバとガブジューの二つの称号をもっていたとみてもさしつかえなかろう。

別の見方もある。『真珠の数珠』の編纂者は二人の学僧ではなく、一人であったとの見解である。つまり、シュンラバ・ララムバ（バリラムバとも）・スマディ・ガルディ・ダルマという長い称号も、「シュンラバ・ララムバ」は学位名で、「スマディ・ガルディ・ダルマ」は法名である、とベルギー王国出身のモスタールト師は指摘する。そのうち、シュンラバとはチベット語で経学院《ラザン》の試験官を指す。スマディ・ダルマ・ガルディとは、サンスクリットのSumati dharmakirti のオルドス・モンゴル語風の表現で、「良い精神」や「法の栄光」の意味である。

スマディ・ダルマ・ガルディという言葉は、チベット語経由でモンゴル語に入ったものであろう。これにあたるチベット語はロブサンチョラクで、人名としてよく用いられる。学僧スマディ・ダルマ・ガルディがロブサンチョラクというチベット語起源の名前で別の著作を書いていた事実を発見したのも、モスタールト師である。

一般的にモンゴル人が出家した場合、親がつけたモンゴル語の名前をチベット語のものに変える。学僧や高僧になった暁には、サンスクリットの法名が授けられる。年代記の編纂者スマディ・ガルディ・ダルマは法名で奥付に署名したのであろう。

以上、貝子《ベイス》バダラホが組織した編纂委員会の主要なメンバーたちの主な経歴がだいたい明らかになった。チンギス・ハーンの祭殿八白宮の祭祀者であるタイシ・ビルーンダライと長男のジャイサン・アルビンサンは、代々チンギス・ハーンを祀ってきた「五百戸の祭祀者」集団の最高責任者で、チンギス・ハーンの側近の後裔である。ガンジョール・スメ寺の僧シュンラワはラハランバとガブジューの称号をもち、オルドス地域の仏教界で最高位の学僧であろう。タイシ・ビルーンダライと長男ジャイサン・アルビンサンはチンギス・ハーンの精神を維持する側、つまり「政治」側の代表であるのに対し、二人の僧シュンラワとスマディ・ダルマ・ガルディは「宗教」側のメンバーである。貝子《ベイス》バダラホのもとで実際のとりまとめ役をつとめたのは、バダラホの印璽を保管する協理タイジのグンチュクジャブである。ガンジョール・スメ寺の第三代活仏が祭祀者ダルハトの出身であること、タイシ・ビルーンダライが仏教に熱心で、みずからの息子のひとりを出家させていることなどを考えると、「政治側」と「宗教側」の人物たちはたがいに緊密かつ強固な関係をむすんでいたことは明らかである。

『真珠の数珠』にみるモンゴル史

王の系譜―草原の民の統治スタイル

古代中国の歴史家司馬遷はその名著『史記』のなかで、漢の強敵だった匈奴について、つぎのように記述している。

「匈奴、その先祖は夏王朝の一族たる夏后氏の子孫である」、という。つまり、遊牧民の匈奴も、じつは中国の神話上の祖先と共通した出自をもっているとの意味である。今日、中国の御用学者費孝通《フィシャオトン》はふたたび往時の司馬遷の記述をもちだして、匈奴の源流をくむ北アジアの遊牧民はすべて「中国の北方少数民族」で、華夏民族すなわち「中華民族」の一部である、とでっちあげている。費孝通《フィシャオトン》の「中華民族」論は学術概念というよりも、研究者から政治家に転身した変節学者の政策論にすぎない。つまり、

「中華民族」論は、中国人以外の諸民族を中国にとどめ、中国人に同化させるための巧妙な文化抹消政策である。

では、当の「北方少数民族」の人びとははたして自分たちを夏后氏の子孫や華夏の一員とみてきたかどうか。答えは否である。一七世紀以降にあいついで誕生したおよそすべてのモンゴル語の年代記が、中国ではなく、古代インドやチベットに王系の起源をもとめている。

ここで年代記『真珠の数珠』が具体的にどういう内容から構成されているのかを簡単に検討してみたい。この問題は、一九世紀のモンゴル人たちが自分たちの歴史をどのように考えているかを知るうえで、きわめて重要である。

年代記『真珠の数珠』は四つの部分からなっている。

第一部　インドの諸王の系統
第二部　北方の雪域たるチベットの諸王の系統
第三部　大モンゴルのハーンたちの系統
第四部　清朝時代のモンゴル史

年代記『真珠の数珠』には、従来の年代記と共通する特徴もあれば、独特な一面もある。チンギス・ハーンを生んだ「黄金家族」ボルジギン一族の起源をインドやチベットの王統にもとめている点は、一七世紀以降の多くの年代記と同じである。チンギス・ハーン一族の起源を中原にもとめなかったことで、中華文明とは一線を画す立場をしめしている。中国に対しては、「太祖チンギス・ハーンが中国を支配下においた青い寅年から、トゴン・テムール・ハーンの白い戌年にいたるまで一七五年間」中国を統治したとの史観である。これは中国の『明太祖実録』にある「胡虜無百年之運」、つまり「中華を一時的に支配したモンゴルには百年の運もない」、という見方とは根本的に異なるものである。

「伝国の玉璽」——中国のモンゴル・コンプレックス

『真珠の数珠』は中国人の明朝と満洲人の清朝をどう認識しているのだろうか。このことは、「伝国の玉璽」に関する記述からよみとれよう。

「伝国の玉璽」は古代中国《シナ》の周王の臣下が鳳凰のとまっていた石を割ってみつけたものである。のちに秦の始皇帝がこれに「受命於天　既寿永昌」という八つの文字をきざんだ。王権は天命より拝受したもので、支配は永遠につづくものだ、との意味である。のちに王朝交替のときに皇帝のひとりが玉璽共々消えたため、世につたわらなくなった。元朝時代に成宗ウルジート・ハーン（１２６５～１３０７　写真21）のときにまたみつかる、という話である。

中国の多くの王朝に「伝国の玉璽」がうけつがれることもなく、元朝のときに発見されたという設定は、北方出身のモンゴルには中原を支配する正統性があることを主張したものである。元朝が中原からモンゴル高原に撤退したあとも、「伝国の玉璽」は明朝側にはわたっていなかった。明朝の皇帝は度々モンゴル高原に遠征軍をおくりこんで、それを入手しようとしたが、結局は無駄だった。その意味で、明朝には往時の大元王朝の後継者たる資格もなかった、明朝はあくまでも漢土のみを統治する漢人だけの小王朝だった、との見方である。

モンゴル最後の大ハーン、リクダン・ハーンから「伝国の玉璽」を手にしたのは、満洲人だった。ここで、清朝が成立する。清朝はモンゴル帝国の後継者であることを『真珠の数珠』はいわんとしている。

要するに、『真珠の数珠』の編纂者たちがしめしたかったのは以下のような系統であろう。モンゴルの王系は仏教世界の一部であること。それは人類最初の王マカサマディからはじまり、チンギス・ハーン、フビライ・ハーン、ダヤン・ハーンをへて、

写真21　成宗テムール。モンゴル語の尊称はウルジート・ハーン。『南薫殿歴代帝后図像』より

リクダン・ハーンまでつづく。これは神聖な系統で、実際は満洲のそれよりも偉大であり、そして、およそ中国とは無関係のものである。

清朝はチンギス・ハーンをどうみていたか？

モンゴルの歴史について記述するとき、『真珠の数珠』はチンギス・ハーンの事跡に重点をおいている。チンギス・ハーン長逝後の歴史については、祭殿八白宮の存在意義をことあるごとに強調している。一六六二年に書かれた年代記『蒙古源流』と同じように、『真珠の数珠』も八白宮を「玉の如き祭殿」とよんでいる。八白宮を舞台に発生したいくつかの事件についても慎重な書き方をしている。たとえば、オイラト・モンゴルの英雄、トゴン・タイシ（太師）が八白宮を刀で切りつけ、チンギス・ハーンを侮辱したことで暗殺されたという、一四三八年の出来事については、詳しく書いていない。モンゴル最後の大ハーンであるリグダン・ハーンが一六三四年ころに八白宮をオルドス・モンゴルからとりあげたことにもふれてはいるが、それよりも後悔した大ハーンが八白宮に対し償いをした、という側面が強調されている。

ところが、清朝時代にはいると、八白宮とその祭祀を維持する祭祀者たちの法的な位置づけは曖昧なものとなった。これは、清朝の「チンギス・ハーン観」が不明確であることをあらわしている。八白宮は全モンゴルの「あまねき守護神」、ユーラシアの「全遊牧民の守護神」からイケ・ジョーという一盟内の「チンギスの遺骨埋葬地」に転落した。日々がたつにつれ、地元オルドスの王公たちの八白宮に対する無理解も目にあまるようになる。挙句のはてには、元朝時代からつづいた祭祀者を分割してみずからの属民にしようとする無知な王公も度々あらわれるようになる。清朝中葉の道光年間にはいると、祭祀者の爵号が「朝廷大号」であり、かってにもちいることは罪にあたるとして剥奪されてしまう事件がおこる。祭祀者の爵号剥奪事件は、内外モンゴルを震撼させた。内外モンゴルの多くの王公たちの久々の一致団結により、爵号はふたたび使用可能になるが、事件がモンゴル全体にあたえた衝撃は計りしれないものであったにちがいない。

以上のようなチンギス・ハーンの祭殿八白宮をめぐる政治情勢の変化をふまえて、年代記の編纂者たちはくりかえし「祖先チンギス・ハーンを忘れてはならない」ことを強調している。勿論、祖先を強調するときには慎重でなければならない。この際、編纂者たちは清朝皇帝が編纂したとされる「聖諭広訓」を盾にしている。「聖諭広訓」は儒教的な道徳理念を称揚した教書である。祖先への忘却をもたらしたのは清朝の政策である。『真珠の数珠』はここでオルドスの王のひとり、清朝政府に協力的だったバウドルジ王を名指しで批判している。バウドルジ王を批判することで、清朝政府への不満を間接的にあらわしていると理解してもさしつかえなかろう。

歴史書がいくつもある理由

オルドス・モンゴル人は、二つの年代記『真珠の数珠』と『輝かしい鏡』を姉妹篇の作品だと思っている。オルドス出身の知識人は一つが政治史で、もう一つが宗教史だと認識している。このような認識に私も異議をとなえるつもりはない。政治と宗教はいずれも同じくらい重要で、かつ不可分のテーマであったことは、二つの年代記の成立年代からもうかがわれる。

『真珠の数珠』と『輝かしい鏡』のどちらがさきに成立したか、従来の研究者たちは明言しなかった。『真珠の数珠』は一八三五年に書かれたことをその奥付がしめしている。これに対し『輝かしい鏡』の奥付には書かれた時期に対する言及はない。私はこの二つの年代記はほぼ同じ年に完成されたのではないかとみている。というのは両年代記ともたがいに言及しているからである。

『真珠の数珠』の場合、「(モンゴルにおける宗教の伝播は)『輝かしい鏡』という史書に詳細あり」、と書いている。一方、『輝かしい鏡』の場合は、「チンギス以降の事跡や著作については、『真珠の数珠』という史書を読むように」、との記述が文中にある。

以上のように、双方ともたがいについてふれていることから、二つの年代記は同じ時期に成立したと理解できよう。少なくとも、両者の編纂方針、つまり一方を政治史とし、もう一方を宗教史とする方針は同じ時期に決まっていただろう。そうでなければ、相互に関する言及は不可能である。草原の歴史愛好家たちが年代記を抄写しているプロセスのなかで書きこんだとは思えない。

元朝のフビライ・ハーンをはじめ、一六世紀のホトクタイ・セチェン・ホン・タイジをふくめ、政治と宗教の両方から国をおさめようと努力したモンゴルの政治家は多い。『真珠の数珠』と『輝かしい鏡』は政治と宗教の再興を目指す若き政治家バダラホと、少なくとも精神的に清朝からの独立を理想とする祭祀者タイシ・ビルーンダライの共著である、と理解できよう。

貝子《ベイス》バダラホとタイシ・ビルーンダライの二人はいわば、「王と祭祀者」の関係にある。チンギス・ハーンをモンゴルの政治の要とする立場は、決してチベット仏教の存在と対立するものではない。チンギス・ハーンを生んだ高貴な「黄金家族《アルタン・ウルク》」はインドやチベットの王統につながっており、活仏たちはこの「黄金家族」からも転生していたから、何ら矛盾するところはなかった。

現実社会のなかで、政治と宗教による治世を実現させるためには、まずオルドスというかぎられた一地域内での活動からはじめなければならないことを、貝子《ベイス》バダラホも当然承知していただろう。五五年間という長期間にわたって札薩克《ジャサク》のポストに座し、盟長やジョノンも歴任し、民衆からは「聖なる殿様」と尊敬されていたことを考えれば、理想的な治世はある程度実現されていたかもしれない。それ以上に、政治史と宗教史という二つの年代記の編纂事業が近世モンゴル社会にあたえた影響は大きい。二つの年代記が上梓されてからまもなく、一八四〇年にアヘン戦争がはじまり、一八五〇年代には太平天国の乱がつづき、清朝は確実に崩壊へとむかう。そうしたなかで、人びとは歴史を読みながら、何をすべきかを考えたにちがいない。

第三章　草原の医学書

モンゴルにラマ教という俗称のチベット仏教がゆきわたるのは、この民族の力が衰えた一六世紀末からで、十七、八世紀には、清朝が、モンゴル人の剽悍《ひょうかん》な風骨をやわらげるために大いに奨励した。その弊害はさることながら、チベット仏教が、近代以前のモンゴル人に哲学的思弁性形而上《けいじじょう》的思考を身につけさせた功は小さくない。（司馬遼太郎『草原の記』）

格調高い書風の手写本も、幼稚な字でびっしりつづった紙きれも、モンゴル人はすべて愛した。手写本よりも手にはいりにくかったのは、木版本である。木版本のなかで、もっとも珍重されたのは、北京版である。

北京版木版本の多くは嵩祝寺《スウンチュース》（写真22）近くで印刷されていたことを大勢のモンゴ

ル人は知っている。

本章ではこの北京版木版本のなかで、医学に関するものをとりあげる。木版本を読破した草原の医学者たちの医学観を紹介する。

草原と北京のあいだ

嵩祝寺の興亡

かつて清朝の皇帝たちが住んでいた宮殿、紫禁城は北京市の中心部にある。紫禁城外の西北部、沙灘《シャータン》というところに嵩祝寺がある。明代の宦官《かんがん》で、権力を思う存分にふるった姦臣厳嵩《イエンスン》の家廟がここにあった。厳嵩の家廟をチベット仏教風に建てなおしたのは清朝の康熙帝である。ときの活仏ジャンガ・ホトクト（章嘉呼図克図。ジヤンジャー・ホトクトとも）のための改修、拡大工事である。寺は一七一二年に完成した。モンゴル高原のウルガ（現　ウランバートル）を拠点とする活仏ジェプツンダムバ・ホトクトはモンゴルの独立性を重視したのに対し、歴代ジャンガ・ホトクトは清朝のモンゴル統治のために尽力した。特に内モンゴル地域において、ジャンガ・ホトクトは大きな発言権をもっていた。

写真22　北京市内の紫禁城附近の嵩祝寺。明朝時代からモンゴル語の木版本を印刷してきた本屋はこの近くにあった

嵩祝寺正門のかたわらに、天清書舗《ティエンチンシュープー》という印刷屋があった。この印刷屋については、ドイツのモンゴル学者ハイシッヒの記述がある。ハイシッヒはおおよそつぎのようなことを書いている。

天清書舗は早くも明朝時代からチベット語、モンゴル語の宗教書を印刷していた。店主はずっと同じ漢人一家だった。印刷や製本はすべて漢人の職人たちの手でおこなわれていた。原稿のチベット文字やモンゴル文字を職人たちが読める必要はなかった。熟練した技術がものをいい、大量の印刷物を北京城内のラマ僧や冬に北京にやってくるモンゴル人たちが買いもとめていた。天清書舗の主人は素晴らしい経営者だっただけでなく、収蔵家でもあった。北京城内のほかの印刷屋、あるいはモンゴル高原のウルガで彫られた版木も積極的に収集していた。

北京版木版本には「金、木、水、火、土」や「萬、仏、帰、壱」、「元、亨、利、貞」といったような漢字の版号が彫られてあった。横長の木版本は、左端にモンゴル語のページ番号があり、右端には漢数字で「上一、下一、上二、下二……」のように順番をしめすようになっていた。

一九〇七年、アメリカの著名な東洋学者ベルトルド・ラウファーが一番のりで嵩祝寺にあらわれ、七二点の木版本を買い、それらをふくめた有名な「シカゴ・コレクション」をきずきあげた。その後はスウェン・ヘディンもハイシッヒも北京版木版本を買った。嵩祝寺は中国にやってきた世界各国の東洋学者がかならずおとずれる場所となった。これらの木版本はいまや欧米の博物館の代表的なコレクション、図書館の誇りとなっている。東京の駒込に建つ国立国会図書館分館の東洋文庫にも多数の北京版木版本が眠っている。紆余曲折をへて日本に将来された貴重な文献に、日本の東洋学者たちはさほど関心をしめさなかった。わずか一冊、文献カタログが岡田英弘とアメリカに亡命したソ連のモンゴル学者ニコラス・ポッペの手でつくられたくらいである。

数百年間にわたって繁盛していた嵩祝寺であるが、その最後について、ハイシッヒはつぎのように記述している。国共内戦の時、満洲こと東北三省から北京に逃れてきた学生たちは嵩祝寺に避難していたころ、版木に装丁されていた金糸からわずかな金をぬきとったりした。そして一九四九年、人民解放軍が北京城を包囲し、燃料欠乏におちいったときに版木はほとんど煙に化した、という。

二〇〇二年春、私は久しぶりに嵩祝寺をたずねた。北京で大学生活をおくっていた一九八〇年代ころは、嵩祝寺よりも、その近くにある「北京大学紅楼《ホンルー》」という建物に関心があった。中国でひろく知られている「北大紅楼」は一九一九年に勃発した青年学生らによる「五・四運動」の拠点の一つだった。「五・四運動」は日本の「対華二一箇條」に反対することからおこった。「北大紅楼」は当時、最高学府北京大学の校舎だった。このように、嵩祝寺周辺は昔から北京城内の政治的、文化的な地域だったのである。

私がたずねたとき、嵩祝寺には鍵がかけられて、観光客には開放していないことがわかった。寺の北側の外壁に「嵩祝寺及び智珠寺」という看板があり、北京市の重要文化財であることが記されている。寺周辺一帯は香港の金もちに買収されているという。寺院修復を名目に、北京市内の一等地をホテルやオフィスビルとして開発するらしい、と近くの市民たちが証言していた。

私は天清書鋪のことを知っている人をさがしてみた。そんなもの知るか、と何人かにいわれてがっかりしていたとき、寺の北にある四合院《スーホーユエン》に住む関という老人が出てきた。四号院は北方中国の伝統的な住居の一つで、開発がすすむ北京市内では段々みられなくなってきている。練炭で火をおこして夫人と餃子をつくっていた関老は満洲人(旗人＝清朝貴族)で、以前から天清書鋪の近くに住んでいたという。

旗人である関老は天清書鋪の最後の主人を夏老《シャーロー》先生とよんでいた。つまり、天清書鋪は代々夏《シャー》という中国人が経営していたという。夏老先生は一九九〇年代半ばまで生きていて、九〇数歳で亡くなった。共産党政権ができる以前からそこそこの金もちで、何人もの夫人にかこまれて幸せにくらしていたという。一番若い夫人は現在七〇歳代で、北京市南部の方荘に住んでいるという。夏老先生一家がかつて住んでいた四合院には孫のひとりが居をかまえている。

私はハイシッヒが伝えている情報をたしかめようと、天清書鋪の版木の行方について聞いてみた。関老によると、共産党入城後も天清書鋪には膨大な量にのぼる版木がのこっていたという。一九五〇年のある日、トラック数台がやってきて、天清書鋪の版木を運びだした。おそらく雍和宮（写真23・写真24）に移管されただろうという。夏老先生は印刷、製本の技術がかわれて、北京市新華印刷廠ではたらくことになった。雍和宮はもともと、雍正皇帝（在位　一七二三―一七三五）が帝位につく前の邸宅だった。乾隆皇帝のときにチベット仏教の寺院に改築されたものである。

一九五四年、一九歳のダライ・ラマが毛沢東など中華人民共和国の指導者たちと会談するために北京にやってきた。すでにチベットの大半が人民解放軍によって武力で侵略されたあとのことである。チベットの法的な地位をめぐり、激しい論争がダライ・ラマ側と中国共産党とのあいだで展開された。そのあいだ、ダライ・ラマは嵩祝寺に滞在していた。無数のチベット人やモンゴル人たちがダライ・ラマに参拝するた

写真23　北京市内に残るチベット仏教の名刹・雍和宮。ここのモンゴル人僧侶たちは現在も厳しい監視下に置かれている。1992年春撮影

写真24　雍和宮の扁額は左からモンゴル語とチベット語、漢語と満洲語の四体合璧で、大清帝国の多様性を現わしていた。習近平政権になってからこの種の多言語の扁額や看板が故宮などから外された。1992年春撮影

めに中国各地からおとずれ、嵩祝寺周辺で連日にわたって野宿していたという。これが、繁栄していたころの嵩祝寺の最後の思い出だ、と関老は目の前の寺院をながめながら語った。

雍和宮には確かにかなりの量の版木がねむっている。現在、数人のモンゴル人僧侶が共産党の監視下でそれらの版木を整理しているという。嵩祝寺をふくめ、かつて北京城内にあったさまざまな印刷屋の版木が少しでものこっていれば、貴重な経典の再版も近い将来には実現できるだろう。

嵩祝寺へ赴いた医学者

アメリカの大学者ベルトルド・ラウファーとほぼ同じ時期に、嵩祝寺で木版本を買うひとりのモンゴル人がいた。オルドス地域ウーシン旗衙門《ヤーメン》の専属医学者ウルジバヤルである。内モンゴルのオルドスから北京までの一往復は三〇〇〇キロにのぼる行程だ。この道程をウルジバヤルは夫人とともに徒歩でゆききしたのである。

ウルジバヤルは北京から数々の医学経典を買ってかえった。それらの書物はのちに弟子のバトチロー（一九〇四―一九四九）に継承されることになる。バトチローの息子ガンジョールジャブ（一九二一―一九九七）も医学者だった。このガンジョールジャブの息子ブヤンデレゲルは私の幼馴染である。私の少年時代の記憶のあざやかな一ページがブヤンデレゲルとかさなっている。

故郷のオルドス地域で調査研究をはじめてから、ブヤンデレゲルには何回もあった。一九九二年夏にウーシン旗西部の名刹シベル寺で仏教行事があった際、私はブヤンデレゲルとその父親のガンジョールジャブ老（写真25）にであった。「一度家に来なさい。きみにみせたいものがある」とガンジョールジャブ老から招待をうけた。その後私はほかのもっと高齢な人びとにインタビューしてまわっていた。ガンジョールジャブ老はまだとても元気だったから、どことなく安心していた。

一九九八年夏、ウーシン旗西部の小さな町でブヤンデレゲルと再会したとき、その父親のガンジョールジャブ老はすでに前の年、一九九七年に亡くなっていたことを知らされた。「父はきみに会いたがっていた。医学関係の手写本などをきみにみせるといっていた」と、ブヤンデレゲルは淡々とおしえてくれた。私は自分が大きなまちがいをおかしたことに気づき、悲しくなった。

私は結局、ウーシン旗西部にあるブヤンデレゲルの家を一九九九年冬にたずねた。ブヤンテレゲルは倉庫の長持のなかから八つの布包をもってきて、私の目の前においた。薬草の匂いが強く、医学者の所有であったことを遺品は物語っている。

写真25　オルドス西部シベル寺の高僧ガンジョール
ジャブ。写真提供:Buyandelger

かくして、私は草原の医学者ガンジョールジャブ老のコレクションを整理することになった。私はコレクションを少しずつしらべはじめた。草原で生まれそだち、草原の人びとの健康のために生涯をささげた医学者のコレクションである。

彼らはどのような古典をまなび、どのような病理認識をもっていたのか。そしてどのように診断し、どんな処方箋を書いてきたかを研究するのにもっとも適切な資料群である。

ガンジョールジャブのコレクション内には、かのウルジバヤルが北京から買ってきた木版本の一つ、チベット・モンゴル医学の古典である『ランタブ』がはいっていた。この『ランタブ』の最後、「達満續下乙」というページに葦ペンでつぎのようなことばが書きこまれてある。

光緒三四年（一九〇八）冬、陰暦一〇月一五日、梅林衛《メイリン・ジェルゲ》の医学者ウルジバヤルが北京という京城《みやこ》に行き、聖なるダライ・ラマに叩見した。故郷の人びとから寄付された金で『四部医典』、『ランタブ』をはじめとする医学経典をたくさん買いかえった。この御蔭で私と一切衆生の病気や苦難がなくなり、すべての心情や祈願が成就され、菩提福がすみやかに生成されるよう。この『ランタブ』のなかで秘密としたり、あるいは記述不足なところをみつけて補筆したりしておいた。衆生のために役立てるよう。

ガンジョールジャブ老に話をきく機会をのがしてしまった私は、ウルジバヤルについてもこれ以上詳しい情報をもっていない。ただ、これだけのことはいえよう。モンゴル語木版本の価値に気づいていたのは何も欧米諸国の東洋学者だけではなかった。ウルジバヤルのような草原の医学者たちも木版本を利用したり、研究したりする主役をつとめてきたのである。

「秘密」とした部分を解読し、「記述不足なところをみつけて補筆しておいた」ことからみれば、モンゴルの医学者たちはインドやチベットの医学理論を盲信しなかった。モンゴルの生活状況と固有の医薬臨床経験などと結合させるために工夫していたことがわかる。チベット医学のモンゴル化、『四部医典』や『ランタブ』のモンゴル医学理論化につとめてきたのである。ウルジバヤルのような草原の医学者たちはまさに求道者の精神で医療活動に従事していたといえよう。

草原の医学者たち

さて、ウルジバヤルに関する詳細な情報はないものの、その弟子のバトチロー一族については、豊富な資料がのこっている。以下ではバトチロー一族についてのべるが、混乱をさけるために、まず人物関係をはっきりしめしておきたい。私の幼馴染ブヤンデレゲルの父はガンショールジャブで、祖父の名はバトチロー、曽祖父の名はナソンバトという。

バトチローの一族は、内モンゴルのオルドス地域の名門である。近現代内モンゴル史において、その一族はさまざまな分野において活躍してきた。彼らについて民間にはいまだに多くの伝承がある。近年『ウーシン旗文史資料』第二輯と第五輯にバトチロー一族についての略伝が発表されている。以下、私自身の現地調査で得た資料をもとに、『ウーシン旗文史資料』の記述ともあわせて草原の医者たちの事跡をのべておきたい。一族の背景を理解するためには、ブヤンデレゲルの曽祖父ナソンバトの時代から書く必要があろう。ナソンバトやバトチローなどの一生をふりかえることにより、当時のモンゴル社会の一端をうかがいしることができよう。

清廉な役人―ナソンバト

ナソンバト（一八六五―一九三七）一族はハラーチン部に属する。長いあいだオルドス右翼前旗すなわちウーシン旗の管旗章京《ジャキルクチジャンギ》をつとめたナソンバトは、旗衙門《ヤーメン》から「正直で公正かつ有用な、聡明にして鼎柱たる英雄宰相、大臣」の爵号をあたえられている。管旗章京とは、旗の法曹界の最高位である。彼は高位にいながらも、一般牧民の利益を優先する政策を実施していたため、モンゴル人から「清廉正直な役人」とみられ、親しみをこめて「ナト大人《アンバン》」とよばれていた。

ナソンバト一族はもともとシャラ・ウスン・ゴル河（無定河　写真26）南岸、長城に近いシャラ・タラに住んでいた。シャラ・タラとは「黄色い平野」との意味である。裕福な家庭であったが、一九世紀末のイスラーム教徒回民蜂起にまきこまれて没落をよぎなくされた。安住の地をもとめて旗の北部草原へ移住し、生計をたてるため中国人の委託放牧もうけていたという。二三歳のとき、旗衙門《ヤーメン》の炊事係にやとわれ、三年後には五〇戸長に任命される。この間、行政管理能力が認められて、一九〇四年に旗の管旗章京《ジャキルクチジャンギ》に抜擢される。

ナソンバトが管旗章京をつとめていたのは、清朝が弱体化して崩壊し、中華民国が

写真26　シャラ・ウスン・ゴル河は黄河の主な支流のひとつで、古代においては、黄河そのものがいまのシャラ・ウスン・ゴル河渓谷を流れていたと地質学者はみている。1991年冬撮影

外部からは政府衙門《ヤーメン》の腐敗がひどく、成立するという混乱期である。当時、旗内では政府衙門の腐敗がひどく、外部からは中国人農民の草原への侵入がすすみ、モンゴル人の安定した生活がおびやかされていた。民間には旗の政治状況の改善と反漢をうったえる大衆運動ドグイランが頻発していた。ドグイランのドグイとは円形や円陣を意味する。運動に参加した人びとは誰がリーダーかわからないように円形に署名したことから、このような名称で呼ばれるようになったのである（写真27）。

大衆運動ドグイランが盛んだったとき、ナソンバトは各方面と接触し、旗の政治改革に着手し、中国人入植者を駆逐するなどの政策をすすめた。数十年たった現在でもナソンバトが人びとに愛されているのは、法律にもとづいて政治を運営し、公平と清廉を最後まで維持し、反漢の立場をつらぬきとおしたからであろう。

求道者の弟子—バトチロー

一九〇四年陰暦一二月二九日、管旗章京ナソンバトがホンジン・チャイダムという地に住んでいたとき、ひとり息子バトチロー（一九〇四—一九四九）が生まれた。ナソンバトの第一夫人はザンダンといい、結婚後に子どもが生まれなかったため、ナムカミドクという女性を第二夫人にむかえる。やがて第二夫人はバトチローを生むが、

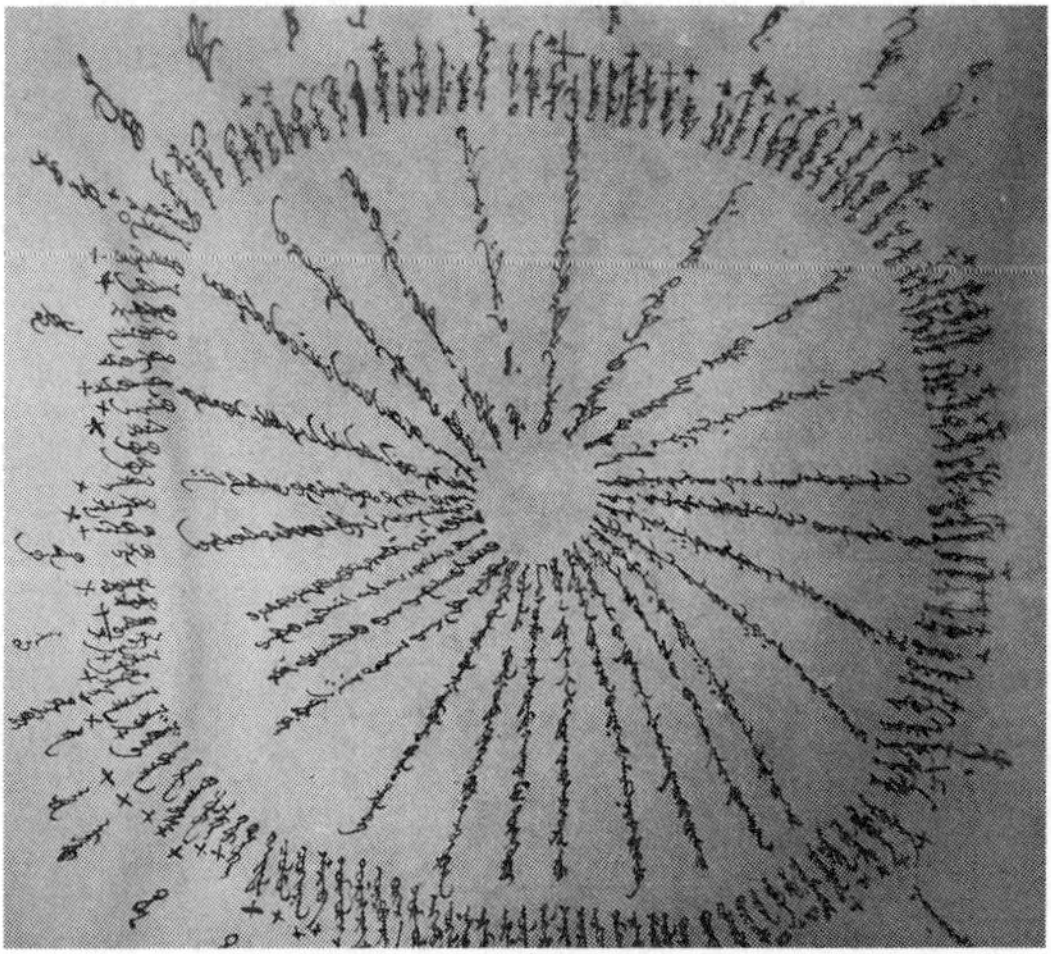

写真27　中国人の侵略に抵抗する運動ドグイランに参加した人たちの署名。日本の傘連番と同じ性質をおびている

産後出血多量で亡くなる。バトチローは第一夫人ザンダンによってそだてられる。バトチローがのちに熱心に医薬をまなんだことは、生母の早死と無関係ではなかろう。また彼は趙玉山という漢字名をつかうこともあったが、これは彼のモンゴル名バトチローの訳である。木版本『ランタブ』の表紙と奥付《コロフォン》、それに一部の手写本にも「趙玉山」という朱印が押されている。

父ナソンバトは文字が読めなかった。そのため、彼は息子のバトチローに厳しい教育をうけさせた。当時ウーシン旗衙門《ヤーメン》の専属教師をつとめていたウルジバヤルの弟子として息子をあずける。ウルジバヤルはモンゴル語だけでなく、チベット語と漢語もできる人で、名医でもあった。

一三歳で成人式をむかえるモンゴルだが、バトチローも一五歳のときに結婚する。その後管旗章京をつとめる父親ナソンバトにつれられて衙門《ヤーメン》をおとずれ、旗の有力者たちに紹介される。一九三二年から一九四二年までの一〇年間、バトチローは衙門《ヤーメン》の写字生をつとめながら、医学者ウルジバヤルのもとで修行をかさね、チベット語、漢語そして医学の知識をも一層身につけることができるようになる。

一九三〇年代になると、内モンゴルをとりまく政治情勢が激変する。中国共産党の紅軍が長征をへて陝西省北部の延安に拠点をつくるようになる。延安は長城一つへだてて内モンゴルのオルドス地域と接していた。日本軍も内モンゴル中央の帰綏《きすい》（現フフホト市）を占領し、オルドス地域の東部にもはいったりした（写真28）。オルドス・モンゴルが中国共産党や日本軍に追随するのをふせごうと、国民政府は大軍をオルドス地域に派遣し、駐屯させた。結局、オルドス・モンゴル人は国民党、共産党それに日本軍の三者ともたくみに接触せざるをえなくなる。

そうしたなか、オルドス・モンゴルは四七人からなる代表団を一九三七年陰暦二月中旬に延安に派遣した。代表団にバトチローもくわわっていた。一行は延安で毛沢東や紅軍の司令官をつとめる朱徳らと面会し、中国共産党の対少数民族政策に関する説明をうけたという。

国民党、共産党それに日本軍の三者による闘争が激しくなるにつれ、オルドス地域に駐屯していた国民政府軍陳長捷の部隊が武力で草原の「軍墾」をすすめたことで、モンゴル人の反発をまねいた。陳長捷はウーシン旗西部出身の有力な貴族トプチンドルジ（奇国賢　写真29）を一九四二年一一月一三日に殺害した。トプチンドルジは、一六世紀末にチベット仏教をモンゴルに再導入したホトクタイ・セチェン・ホン・タイジと、年代記『蒙古源流』を一六六二年に書きあげたサガン・セチェン・ホン・タイジの直系子孫である。ウーシン旗西部に住んでいた彼は、詩人としても有名で、民

写真28　1940年冬、厳冬のオルドス東部平野で露営する日本軍。『朝日新聞』2002年9月22日より

写真29　オルドス・モンゴルの貴族トプチンドルジ。彼はベルギー王国のモンゴル学者モスタールト師に手写本を多数、提供していた

間に大きな影響力をもっていた。彼はまたベルギー出身のモンゴル学者モスタールトと親交し、多数の手写本をモスタールトに提供していた。トプチンドルジが殺されたのをきっかけに、ウーシン旗のモンゴル軍は国民党に対する蜂起をおこした。それ以降、バトチローをふくむウーシン旗西部の知識人たちは親共産党的な立場をとるようになる。

その後、内モンゴル全域がしだいに共産党の支配下にはいっていく。一九四九年九月二二日、ウーシン旗のモンゴル軍は今度共産党を相手に蜂起を発動した。バトチローは蜂起時の混乱にまきこまれて負傷し、一九四九年一〇月六日に亡くなる。ヨーグルトに毒をもられたとの説もある。毛沢東が北京で中華人民共和国の成立を宣言した五日後のことである。オルドス・モンゴルはその後も複数回にわたって抵抗しつづけ、最終的には一九五〇年五月に人民解放軍に鎮圧され、中国に併合される（楊海英『モンゴル人の中国革命』）。

民間の名医―ガンジョールジャブ

ガンジョールジャブ（一九二〇―一九九七）はバトチローの長男である。幼少のときに出家し、シベル寺の僧になっていた。チベット語と漢語をあやつり、医術にすぐれた僧として知られていた。一九五八年にシベル寺が共産党に破壊され、ガンジョールジャブも還俗させられるが、医療活動はずっとつづいていた。

私の両親とガンジョールジャブ夫妻は親しくしていた。モンゴル人が中国政府と中国人によって大量虐殺されていた文化大革命期の一九七一年秋、私はガンジョールジャブ家に約一ヶ月間滞在した。当時、我が家は「反共産党的な搾取階級」に属するとみなされ、家畜が没収され、大衆による批判闘争をうけていた。両親は子どもの私に乳製品を食べさせるため、ガンジョールジャブ家にあずけたものである。乳製品は子どもの成長に欠かせない、とモンゴル人はみているからであろう。ガンジョールジャブ一家も決してめぐまれていなかったが、我が家の政治的な立場よりは多少良かったらしい。ガンジョールジャブの息子、ブヤンデレゲルはそのときから私の幼馴染となったのである。

一九八〇年代、改革開放政策の実施にともない、シベル寺も一部再建され、ガンジョールジャブは僧の身分にもどっていた。一九九二年夏、私はシベル寺をおとずれ、ガンジョールジャブ老に会ってインタビューをした（楊海英編『モンゴルの仏教寺院』）。私は彼からその一族の歴史やモンゴル医学のことなどをさらに詳しく記録することを約束してわかれたが、一九九七年陰暦九月一三日についに帰らぬ人となってしまった。ガンジョールジャブは亡くなる前、みずからの写本を私にみせるようにと息子のブヤンデレゲルに指示していたという。

手写本の包と表紙が語る歴史

幼馴染からうけとった八つの布包をあけてみた。各包のなかにはモンゴル語の手写本や木版本と、チベット語の手写本が一緒になっていた。私はモンゴル語のものから整理することにした。

　モンゴル語のものをみる限り、ガンジョールジャブ老はみずからの資料を内容ごとに分類していたことが明らかである。ガンジョールジャブ老はきわめて論理的な思考をもつ人物だった。そのような医学者の分類を私は継承することにした。まず、二〇〇一年に『モンゴル文化研究』の第三巻として、『オルドス・モンゴル族の手写本（二）―ウーシン旗ガンジョールジャブの写本コレクション』を公開したとき、草原のモンゴル人医者がどのように経典類を分類し保存していたかをそのまま世に伝えることができた。カルテ類など合計二八種の写本を影印《えいいん》出版した。

　手写本をつつんでいた布団《ワーダン》も特徴的だった。長さも幅も一メートル未満の赤い四角形の布がつかわれている。布の片端には牛革の紐が縫いつけられている。紐の先端には「乾隆通寶」、「道光通寶」という清朝時代の銅貨が止め具としてつけられている。

　手写本は麻紙に書いたものもあれば、ほんの小さな便箋を利用した例もある。また、中国で大量に市販されていたノート・ブックもある。そのうちの一冊のノート・ブックの表紙にはモンゴル語でていねいに「毛主席万歳。一九六七年二月二七日」と書いてある。一九六七年は文化大革命がはじまったつぎの年で、政治的なしめつけがもっとも厳しかった時期だ。モンゴル語手写本は「搾取階級の古い文化」、「封建社会の有害な作品」とされ、もっているだけで逮捕される危険性があった。ガンジョールジャブ老はノートの表紙に毛沢東主席を称賛する言葉を書いて、中身をまもろうとしたのではなかろうか。彼はまた一部の手写本をかまどの下に埋めていた。文化大革命の嵐がすぎたあと、ふたたび掘りだしたが、手写本は触るだけでも粉末と化してしまうほど脆くなっていた。私にはこのように脆くなった手写本類をきちんと修繕しなければならない課題がのこっている。

　その後、残りの手写本を私は二〇二三年に友人とともに公刊した（楊海英　近衛飛鳥共編『モンゴル伝統医学に関する木版本と手写本』）。

モンゴル医学の発展

インド・チベット医学の北進

草原の医学者ウルジバヤルが北京から徒歩で運びかえった『四部医典』や『ランタブ』とはいったいどんな書物であろうか。それを理解するためには、まずモンゴル医学の発展についてふりかえってみる必要があろう。

ユーラシア東部に位置するモンゴル高原は、古くから東西文明が交叉する地点の一つだった。医学の分野においては、シャマニズムの宇宙観にもとづいた独自の医術が存在していた。その後、チベット仏教の伝来とともに、古代インド起源の医学思想があらたに導入された。モンゴルの医学者たちは、固有の医術をチベット医学の理論と結合させて新しい医学体系をつくりあげた。

モンゴルにおける医学の誕生と発展について、中国・内モンゴル医学院大学教授ジグムド（吉格木徳　写真30）の概説書がもっとも体系的である。ジグムドは一九三八年に内モンゴルのオルドス地域のオトク旗に生まれ、南モンゴルで有名なチベット医《マン》学院《バラサン》の最後の卒業生である。伝統的なチベット医学院を出てからさらに一九六三年に

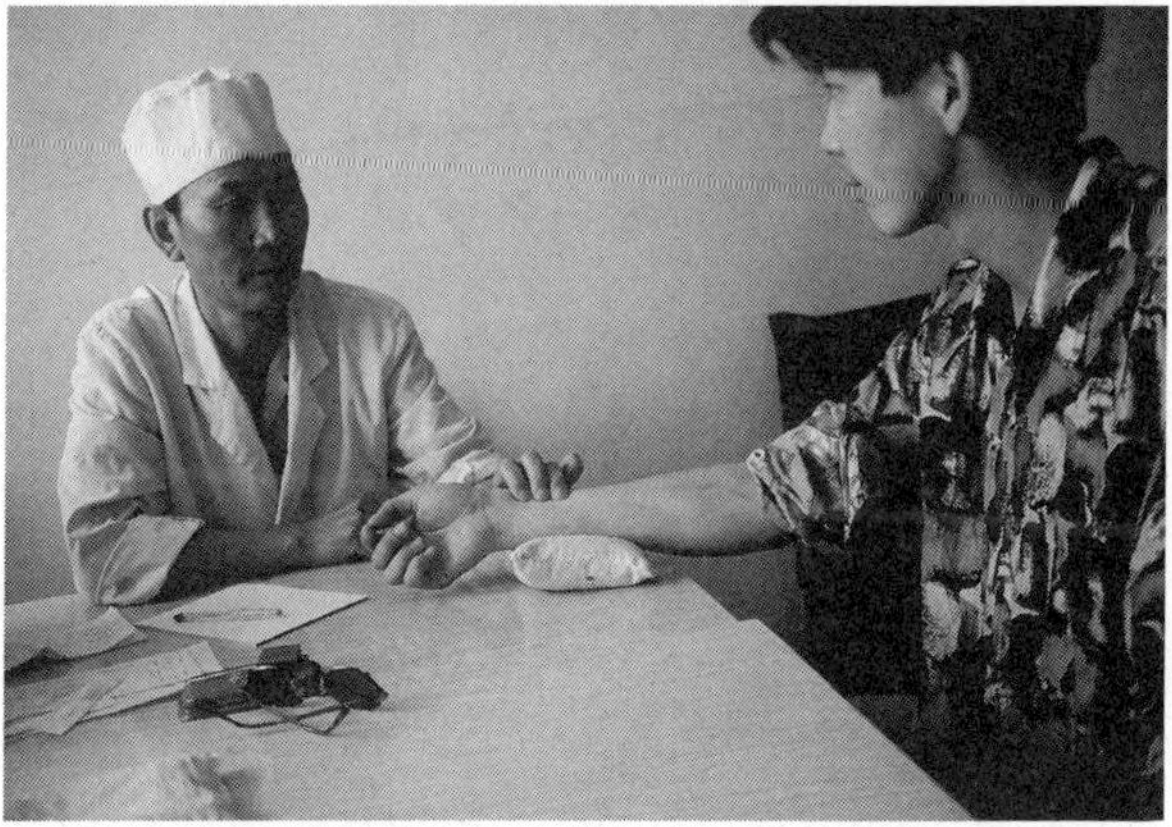

写真30　モンゴル医学者ジグムド（左）。1995年夏撮影

内モンゴル医学院大学を卒業し、同大学の教師となる。医学研究にたずさわるかたわら、民間に散逸している医学経典の収集にも力をいれてきた。著書の『モンゴル医学史』はジュルンガと竹中良二の両氏によって日本語に訳され、一九九一年に社団法人・農山漁村文化協会より出版されている。ジュルンガは一九四五年に満洲建国大学を卒業した著名なモンゴル学者である。

『モンゴル医学史』の内容を私なりに要約すると、以下のようになろう。

ジグムドはモンゴルの社会、経済と文化的な特徴にもとづいて、二〇世紀半ば以前のモンゴル医学史を大きく三つに分類している。

モンゴル諸集団が統一される以前は第一段階になる。時期的には有史以来から一二世紀までつづく。モンゴル高原の代表的な住民であった匈奴《きょうど》は、すぐれた外傷治療の技術をもち、遊牧民たちはその居住地の風土や気候に適した特徴的な治療法を創造し、医療や保健衛生に関する豊富な経験をつんできた。この時期は、いわばモンゴル医学の芽生えの段階である。

第二段階は統一モンゴル期を指す。チンギス・ハーンによってモンゴル諸部が統一され、巨大な帝国を運営するなかで、アラビアやインドなどの医学の影響をうけながら、伝統的な医薬の臨床経験をより一層ゆたかにすることができた。いわば中世の伝統的なモンゴル医学の形成期である。

第三段階はチベット仏教伝来以降にあたる。一六世紀末にチベット仏教が正式にモンゴルに導入された。それにともなって古代インドの医学経典『医経八支』やチベット医学の古典『四部医典』なども伝えられた。

ジグムド教授による三段階の分類はきわめて適切である。モンゴル医学の発展を三つの段階にわけているが、今日におけるモンゴル医学は、過去の三段階の精粋を吸収したかたちで機能している。草原の医学者たちはインドやチベットの理論を積極的に導入しながら、モンゴルの風土により適合した治療方法を開発してきたのである。

シャマニズムの治療法

草原の医学者たちはインドやチベットに起源をもつ経典を一所懸命に研究した。しかし、彼らは固有のシャマニズム的な医術を簡単には放棄しなかった。ここで一例を紹介しよう。

モンゴルは古くから震盪《しんとう》（ドムナホ）による治療法が発達している。脳や内蔵の創傷、不適当な運動から生じた身体の痛傷などをなおすのにもちいられてきた。遊牧生活のなかで、家畜に対する震盪治療の豊富な経験が、人間への適用をより効果的にした、ともみられている。

ガンジョールジャブのコレクションにも震盪治療に関する手写本がある（写真31）。出産した女性の子宮の傷を癒すときの治療方法である。

子宮を震盪させて整える治療方法はつぎのようにおこなう。出産した女性が馬の鞍をまくらにして地面に横たわる。男の子を出産した場合は、右手と右足に馬の足枷をつける。右足を三回叩いて三回ひっぱって震盪させる。女の子が生まれたならば、左手と左足に足枷をつける。足を三回蹴って、三回ひっぱって震盪させる。震盪治療をほどこしたところの沙をはこんで出産したところに置いておく。きわめて効果的である。

ここで登場する鞍や足枷などの馬具類はすべて男性的なものである。ふだんは女性が男の馬具類に触ることが忌みきらわれる。日常的に禁止されている道具をもちいることによって、出産という非日常的な経験で痛めた女性の身体を正常にもどそうというねらいがうかがえよう。

震盪治療には、シャマニズムの呪術的な色彩が色濃くのこっている。俗にラマ教と

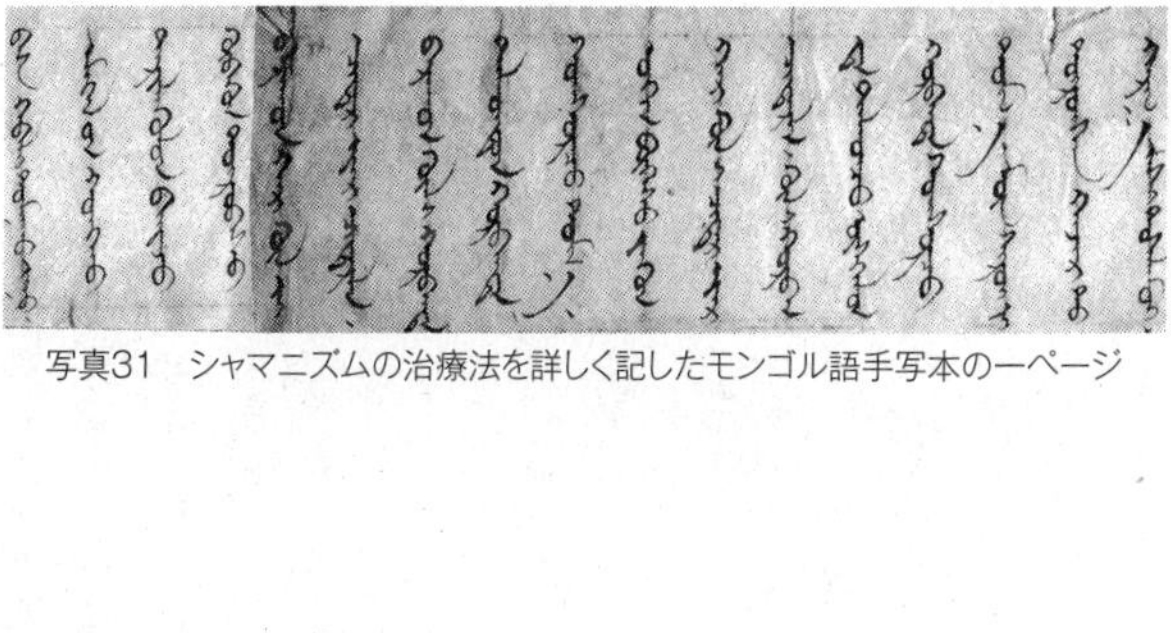

写真31　シャマニズムの治療法を詳しく記したモンゴル語手写本の一ページ

よばれるチベット仏教そのものがシャマニズム的な要素をおおいにおびていることから、モンゴルのような北アジア的なシャマニズムにであったときも、なんら違和感なしに融合したのであろう。ガンジョールジャブ老のような僧侶も、呪術と医術をつかいわけていたとは考えられない。呪術はあくまでも医術の一環であったにすぎない。あるいは、医術は呪術による強化を必要としていたかもしれない。

驚異の医学書『四部医典』

チベット・モンゴル医学界における『四部医典』は聖典とされている。『四部医典』は八世紀にチベットの著名な医学者大ユトクユンダンゴンブが著し、のちに一二世紀には小ユトクユンダンゴンブが再編集したものである。『四部医典』は一三、一四世紀の元朝のときに一度モンゴルに伝えられたとの情報もあるが、ひろく流布されるまでにはいたらなかったらしい。一六世紀末にチベット仏教の再導入とともに正式に伝来された。清朝初期にチャハル部正黄旗出身の名僧国師《グーシ》チョルジ・ミンジュールドルジがモンゴル語に翻訳し、北京で木版印刷されている。

いうまでもなく、国師《グーシ》チョルジ・ミンジュールドルジの北京版がもっとも権威ある訳本とされてきた。清朝初期から医学者たちにもっともよく利用されてきたのもこの北京版である。現代においてもその価値はかわらない。一九八七年に内蒙古科学技術出版社がテムールの校注した『四部医典』を出版した。これも、名僧国師チョルジ・ミンジュールドルジの訳本（北京版）を底本としたものである。その後、原典を深く理解するため、刑鶴林の編訳したチベット語・モンゴル語対訳版が一九九一年に出版されている。

しかし、『四部医典』をはじめてモンゴル語に翻訳したのは、国師《グーシ》チョルジ・ミンジュールドルジではない。この点について、国師《グーシ》チョルジ・ミンジュールドルジ自身が北京版『四部医典』の最後、「貞上九十八」というページでつぎのように明言している。

以前からつたわる古い翻訳と比較し、訳されなかった部分を訳出し、誤訳を訂正し、智恵ある学者たちの解釈をとりいれて、医学者たちのかねてからの待望にこたえようと『四部医典』を翻訳した。

この奥付《コロフォン》からみれば、国師《グーシ》チョルジ・ミンジュールドルジは以前から存在していた別の翻訳を利用していたということである。その際、原典にあたってまちがいなどを訂正し、不完全なものをさらに完璧に翻訳し、新たな臨床知識をも解釈に生かした。そういう意味で、国師《グーシ》チョルジ・ミンジュールドルジの作業は、いわば一種の編訳であったかもしれない。

実際、民間には国師《グーシ》チョルジ・ミンジュールドルジが中心となって編訳した『四部医典』とは異なる、まったく別の『四部医典』の翻訳本の写本が何種類も流布している。私に北京版『ランタブ』を提供してくれた草原の医者ガンジョールジャブも一種の『四部医典』の手写本の断篇（写真32）を保存していた。誰が、いつ、どんな状況のもとで訳したかも一切不明だ。かりに無名氏訳の『四部医典』としよう。

私はこの無名氏訳の『四部医典』の手写本をガンジョールジャブのコレクションのなかで、もっとも重要な資料として位置づけている。ガンジョールジャブのコレクションを公開したとき、無名氏訳の『四部医典』の手写本の語彙の運用や表現方法について検討をしてみた。国師《グーシ》チョルジ・ミンジュールドルジらが編訳した著名な北京版『四部医典』が大量の外来語、つまりチベット語やサンスクリットをそのままモンゴル文字で表記しているのに対し、無名氏訳の『四部医典』はなるべくチベット語やサンスクリットをモンゴル語に訳そうと努力している。語句の表現にも素朴さがのこる。無名氏訳の『四部医典』にくらべ、国師《グーシ》チョルジ・ミンジュールドルジら編訳の

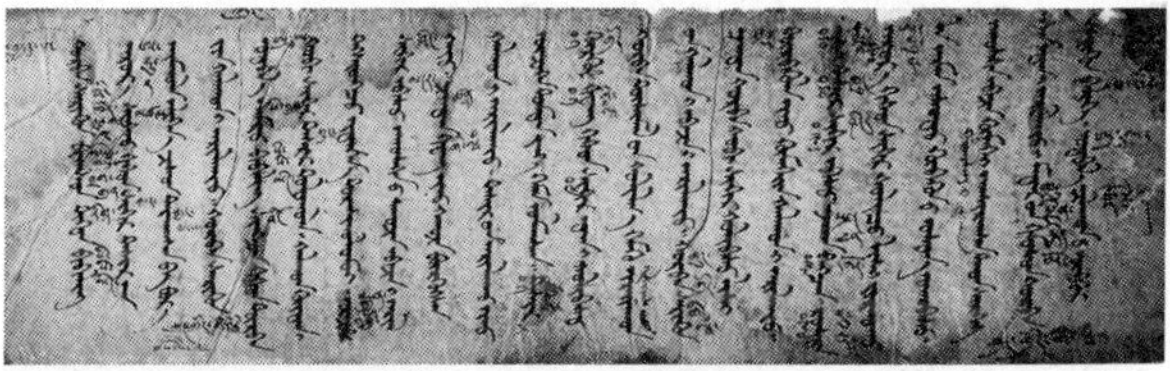

写真32　『四部医典』というチベット医学の聖典のモンゴル語訳本の一種。モンゴル文字の書風は古く、隣にチベット語が併記されている

北京版『四部医典』の表現は洗練されている。文化の翻訳は素朴から洗練へと、というプロセスをたどる。ガンジョージャブ・コレクション内の無名氏訳の『四部医典』は、インド・チベットの医学経典がいかにモンゴルに導入されたかを研究するうえで、学術的価値がきわめて高い資料である。

このほか、ドイツのモンゴル学者ハイシッヒもコペンハーゲンの王立図書館に僧ソルム・ジャムソが訳した『四部医典』が保存されていることを伝えている。私はまだこの僧ソルム・ジャムソが翻訳した『四部医典』の実物をみていないが、『四部医典』の翻訳本が複数存在していたのは事実である。国師《グーシ》チョルジ・ミンジュールドルジらが編訳した豪華な北京版『四部医典』を利用できなかったとき、あるいは既存のモンゴル語版に満足しなかった場合、草原の医学者たちは直接チベット語の原典にあたったり、自分で翻訳したりしたのであろう。

チベット人とモンゴル人の価値観を伝える『四部医典』

『四部医典』の構成は以下のとおりである。

一　根本医典《タントラ》

二　釈義医典《タントラ》
三　秘訣医典《タントラ》
四　後続医典《タントラ》

チベットやモンゴルの医学者たちを魅了した『四部医典』の特徴の一つに、病や医術をすべて哲学にもとづき社会の実態とむすびつけて解説している点があげられよう。たとえば、いわゆる「生命の樹」（写真33）をもちいた認識がもっとも典型的といえよう。

この「生命の樹」は三本の根からなる。三本の根から九本の樹がおいしげり、それには四七本の枝、二二四枚の葉がある。健康と長寿という二輪の花が満開し、三つの果実がみのる。このような哲学的な原理で描かれた「生命の樹」は、医学精神をよりよく理解するのに役立っていると考えられよう。

『四部医典』の豊富な理論的世界のなか、モンゴル人は特に気、胆、痰の理論、七つの活力と三穢に関する理論、五元素理論などを積極的に吸収した。それらは機械的に導入するのではなく、モンゴルの伝統医学の技術を体系的に理論化するためでもあった。

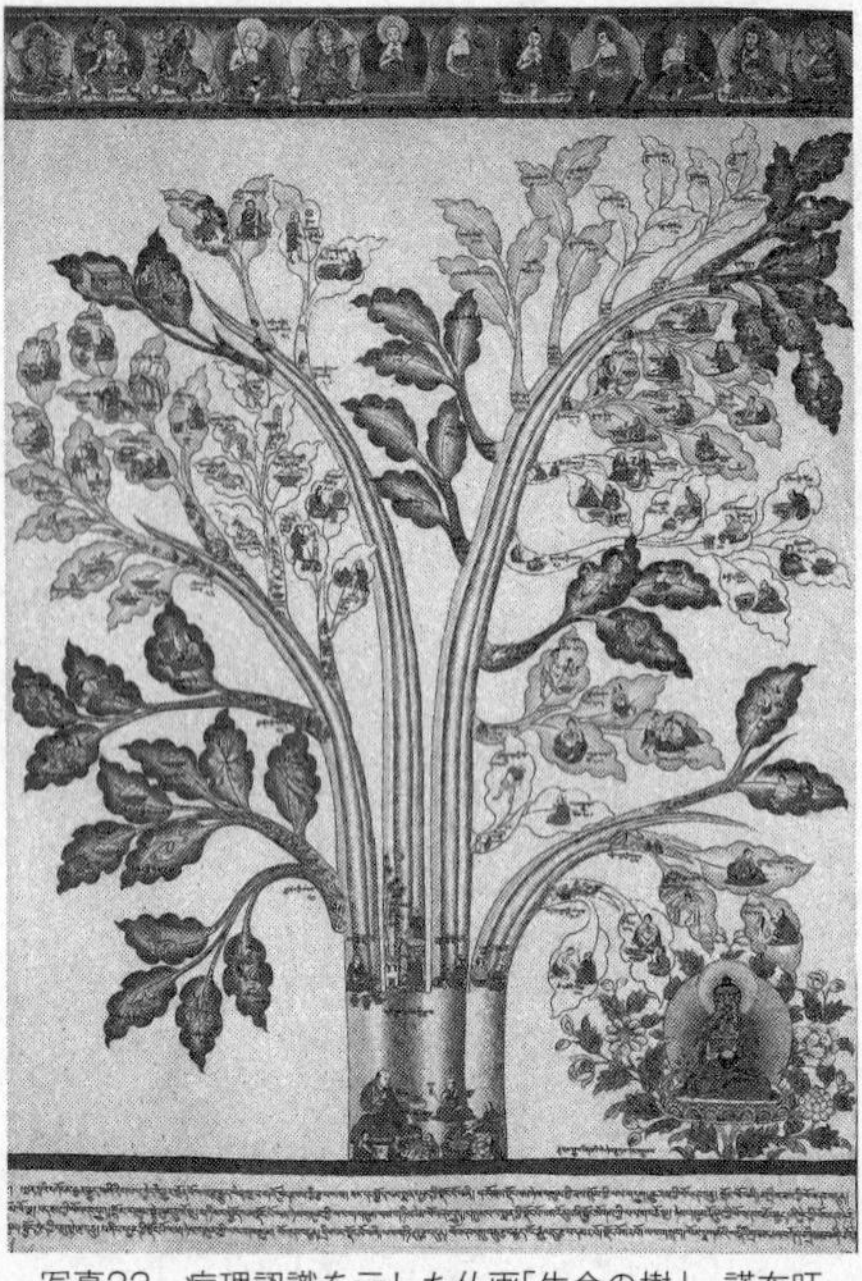

写真33　病理認識を示した仏画「生命の樹」。諾布旺典著『唐卡中的藏醫養生』

『四部医典』はチベット・モンゴル医学の根幹をなす、もっとも基本的な経典である。ところが、『四部医典』は誰もが簡単に理解できる書物ではなかった。それは病を哲学にもとづいて解釈し、医術を秘密とする背景からだけでなく、難解かつ優雅な言葉で表現しているからである。そのため、チベットやモンゴルにおいて、数百年にわたって、無数の『四部医典』の註釈本が上梓される結果となった。たとえば、モンゴルの場合だと、ジグムド教授は『モンゴル医学史』のなかで一六世紀から二〇世紀までのモンゴルの医学者たちの著作を詳しく紹介しているが、その大半が『四部医典』の註釈、解説書である。

近年、内モンゴルの医学者たちは歴史上に書かれた『四部医典』の注釈書を積極的に出版している。そのうちの主要なものは以下のとおりである。

一、『四部医典』第一部「根本医典」の注釈書として、『医学本統全釈』がある。これには一八九三年にチベット語で書かれたロンリゲダンダルの『四部医典の難解語の解釈―訶子の数珠』、ロブサンダンジンジャルサン（一六三九―一七〇四）の『根本医典を註釈した燈明』などがふくまれている。また、ロンリゲダンダルのもう一つの著作『四部医典解釈』こと『タジョート』も一九九六年に出版された。

二、『四部医典』第二部「釈義医典」の注釈書として、一九八四年にロブサンチョイラクの『金光註釈集』が出版されている。これは一七世紀にモンゴルの医学者がチベット語で書いたものである。

以上は現段階で私が把握している情報にすぎない。今後は、より一層公開出版が期待されよう。

臨床医学の書『ランタブ』

以上、チベット・モンゴル医学における『四部医典』およびその第一、二部に関する註釈書の重要性についてのべてきた。『四部医典』の第三部「秘訣医典《タントラ》」については、その増補としての著作『ランタブ』が古くから注目されてきた。医学者たちによると、増補著作である『ランタブ』は、「秘訣医典」と同等に重要であるというより、両者が補完しあうかたちで、チベット・モンゴル医学に貢献するところが計りしれない、と評価されている。

二種ある『ランタブ』の翻訳本

『ランタブ』は一六九一年にチベットのディセルン・サンジャイジャムソがチベット

語で著したものである。

一六五三年生まれのサンジャイジャムソは幼少より聡明で、八歳のときに五世ダライ・ラマの弟子となる。一七〇五年に亡くなるまで二七種の著作をのこしているという。『ランタブ』のほかに、『四部医典』の総合解説書としての『青瑠璃』をはじめ、『チベット医学史』といった作品もある。また天文学の著作として『白瑠璃』、歴史作品として『黄瑠璃』、それに法学書『水晶鑑』など、多分野にわたる豊富な著作類を後世にのこした。

『ランタブ』は上梓されてまもなく、当然のように、すぐにモンゴルにつたわった。また、一七世紀末から数回にわたって北京、ラサ、デルケなどの地で版刻、印刷されている。一八世紀半ばころにあいついで二種の翻訳があらわれ、モンゴルの医学者たちの高度の注目ぶりがうかがえる。

それは以下二種の翻訳である。

その一：イケ・クレー（大庫倫，現ウランバートル）の医学院の名医ロブサンジャムソとゲリクジャムソが訳し、ハルハ・モンゴルの貴族センレンラシが一七四六年に製版印刷をすすめたものである。

その二：内モンゴルのジャルト部の僧チョイジジャムソが一七四七年に訳し、木版印刷したものである。

このように、二種の翻訳、印刷はわずか一年の差であったことがわかる。両種の木版がつくられた場所についてであるが、ドイツのモンゴル学者ハイシッヒは一七四六年版にも「達」という漢字の版号があると伝えている。内モンゴルのジャルト部の僧は翻訳の際にチベット語の北京版を利用しており、モンゴル語版も北京で印刷されたことが示唆されている。ジグムド教授は両種とも北京の嵩祝寺で木版印刷されたと私に説明した。

『ランタブ』は以前から研究者や探検家たちの蒐集の対象とされ、欧米の博物館や大図書館に納められている。日本の国立国会図書館分館の東洋文庫にも以下のような二種類の『ランタブ』がある。

その一：医療を説き不慮の死を絶つ法を示したる経

その二：秘術根元

上記和文タイトルは整理者によるものであろう。私が東洋文庫でこの二種類の『ランタブ』をしらべたところ、両者とも綴じ糸もついたままで、医学者たちに利用された痕跡はまったくない。また、「秘術根元」の方には奥付がない。

草原の医者ガンジョールジャブの『ランタブ』は数葉が手書きとなっていた。版面に破損がみられる葉もある。そのため、これらのものを補完するため、財団法人・東洋文庫所収の「医療を説き不慮の死を絶つ法を示したる経」の該当部分と比較研究したことがある。

ここで、『ランタブ』の二種類の翻訳のタイトルをみてみよう。

一七四六年のオリジナル・タイトルを日本語に訳せばつぎのようになろう。

『四部医典』第三部「秘訣医典《タントラ》」を増補した医療方法、宿疾からの悲しい熱を消去する者たる妙薬、不慮の死を絶つ剣刀、病の原因を診断する書。

また、一七四七年版本のオリジナルのタイトルは以下のように訳せよう。

『四部医典』の第三部「秘訣医典」を増補した医療方法、苦しい熱の膨張を消去する妙薬、不慮の死を絶つ剣刀、病の原因を診断する書。

右でしめしたように、一七四六年版と一七四七年版のタイトルが微妙に異なっていることが明らかである。

私が公開した『ランタブ』は一七四六年版である。大きさが五一・五センチ×一〇・六センチで、計四二八葉ある。中味は一七四六年でも、タイトルはなぜか、ハイシッヒがいう一七四六年版のタイトルとは一致せずに、かえって一七四七年版のタイトルとまったく同じである。このことについては現時点でつぎのようなことが想像できよう。

一七四六年版も一七四七年版もともに北京の嵩祝寺で製版印刷されていたという情報を考えれば、両者の表紙を同じように刷ったかもしれない。あるいは、後世になると、つまりオルドスのウルジバヤルが北京をおとずれて『ランタブ』などを購入した際、販売者の方が両者の表紙をまちがっていれかえた可能性も否定できない。

上記両種の『ランタブ』の現代語版はいずれも内モンゴルから出版されている。一七四六年版はテムールが校注し、一九八七年に出版されている。出版にあたって、一七四六年版を底本とし、ほかの木版本と比較しチベット語版を参考しながら、校訂をおこなっている。また文章全体を現代モンゴル語正字法にしたがって書きなおしている。

一方、一七四七年版は、ジョリクトが序文をよせ、刑鶴林がジャルト部の学僧の訳本を底本としながら、チベット語北京版と比較し、新訳のかたちで一九九二年に出版されている。そのモンゴル語は現代正字法になおしている。

後者すなわち一九九二年の新訳出版は、一九八七年の出版にくらべると、チベット語との対訳形式が採用された点が特徴的である。チベット・モンゴル医学の経典を再認識し、その知的財産をひろく普及させるためには、現代モンゴル語正字法になおしたうえでの出版は、効果的な方法であると評価してもよかろう。また、財政と技術的な問題から、木版本そのものの影印出版も制約されているのが内モンゴル自治区の現状である。

『ランタブ』がモンゴル語に訳されてから二種の木版が彫られて印刷されたにもかかわらず、現在につたわるその木版本は非常に少ない。チベットとモンゴルの医学者たちに数百年間にわたって珍重され、医学の発展に多大な影響をおよぼしてきた経典の影印出版が学界の有識者たちに期待されてきた。影印出版によって、本来の訳文の全容が明らかになり、医学をはじめ、言語学や文字学ひいては出版文化の実態究明にも寄与できよう。そのため、私はガンジョールジャブから収集した『ランタブ』の木版本を影印のかたちで、二〇〇一年に大学教育出版から公開した。

『ランタブ』の成り立ち

たいがいの木版本は、その奥付《コロフォン》のなかで書かれた経緯や著者、それに木版印刷に付した際の資金援助者等についての情報をふくんでいる。以下では二種類の『ランタブ』の奥付を呈示し、モンゴル語に訳されたプロセスを回顧する。

まず、一七四七年版の奥付をみてみよう。

刑鶴林があらたに編訳した『ランタブ』にその全文が収録されている。それはつぎのような内容である。

五色四夷の国々の主、力量の法輪の転生たる英明聖主チンギス・ハーンの第二の弟、ホルチン部を領有する名射手ハサル主君の第二五代目の子孫、満洲国の天太宗皇太極の娘、ウルスイン・アリグン・イテゲトゥ・グルニ公主の孫、信心から完美な福力で成就されたホルチン部の郡王アグワンザンブをはじめ、王の祭祀をつかさどる医者で僧イラグクサン・チメク・ダライら、偉大なヤマンダカ寺の大ラマで、好意造福者ガンブらから「この書を訳して大勢の人びとに役立たせよう」といわれた。下界の仏教の信者たち、上界の聖なる僧たちの命令で、ウレムジ・ビリクト国師の称号をもつ僧、チョイジジャムソが訳した。

『ランタブ』はホルチン部の王、アグワンザンブ（在位　一七四三―一七五九）の支持のもとで成立した、と奥付は名言している。アグワンザンブはチンギス・ハーンの弟ハサルの子孫である。ハサルの子孫たちは主としてホルチン部を統率《とうそつ》していたが、満洲人が勃興したとき、ホルチン部はときの大ハーンに帰順せずに満洲人の後金国と通婚をかさね、大ハーンを攻撃した。当時のモンゴル人の一部はおそらく満洲人とモンゴル人とを区別していなかっただろう。

翻訳者のウレムジ・ビリクト国師は称号で、名前はチョイジジャムソである。同じ奥付のなかで、チョイジジャムソはまたダルマと自称している。チベット語のチョイジジャムソとサンスクリットのダルマはともに「経典」の意味である。内モンゴルの研究者ジョリクトはこのダルマを彼の法名であろうと解釈している。

ハイシッヒはジャルトの僧チョイジジャムソすなわちダルマを年代記『金輪《アルタン・クルドゥン》千輻《ミンガン・ケゲスト》』の作者ダルマとを同一人物であると特定している。内モンゴル社会科学院の歴史学者チョイジ（蕎吉）もこの意見に賛成している。

年代記『金輪千輻』は一七三九年に書かれたものである。一七四二年には仏教経典を翻訳するための辞書『翻訳名義大集』を完成し、さらに数年後に『ランタブ』を訳している。数々の偉業をのこしたチョイジジャムソは、一八世紀におけるモンゴル仏教界を代表する見識ある学僧のひとりとみなされている。

つぎに一七四六年版の『ランタブ』の場合は、どのような背景のもとで成立したのであろうか。同書「下四百廿五」というページから末尾のページ、「上四百廿六完」にかけて、その奥付がある。

聖チンギスの黄金家族の後裔ジャライル・ホン・タイジから根源を発する第八代目の息子、無垢で真心誠意のダライ・ホン・タイジ・グンガ・チベルから「仏教および衆生のために福の根本となるように」と指示されたことで、聖ジェプツンダムバの行轅にある医薬学校の主席ラマで、医学博士ロブサンジャムサと次位ラマで、国師ゲリクジャムサの二人が鋭意研究し、インドやチベットの知者たちの著した医薬の多くの主要な著作と比較し、過失がないようにつつしみぶかく訳した。

以上は翻訳者についての言及である。チンギス・ハーンの子孫と称されるジャライル・ホン・タイジとは、モンゴルの年代記にも頻繁に登場するゲルセンジェ（一五一三―一五四九）のことである。歴史学者はゲルセンジェをモンゴル高原におけるハルハ部（万戸）の開祖にあたる人物としてみている。このゲルセンジェの第八代目の子孫たるダライ・ホン・タイジが『ランタブ』の開版印刷を強く支持していたことがわかる。

つづいて「達満續上乙」というページと「達満續下乙」では、製版についてのべている。

『ランタブ』という書物を信心が成就されたハルハの貴族スレンラシが全世界の人びとに役立たせることを希望して版をつくらせた。

また、別の箇所ではハルハの貴族スレンラシをエルデニ・セチェン・ジョノン（晋王）とも称している。一六世紀末から、モンゴルでは仏教経典の翻訳と開版印刷は功徳をつむもっとも効果的な方法の一つである、と認識されていた。そのため、数多くの貴族たちは積極的にこの種の学術活動にかかわっていた。往時においては遊牧の戦士たちをひきいて戦争と征服に明け暮れていた貴族たちはすっかり慈悲深き施主に変身していたようである。

『ランタブ』の医学的特徴

先進的な概念とむすびつく解釈

私が以前『ランタブ』の木版本を影印出版した時、『モンゴル医学史』の著者であるジグムド教授が短い論文をよせてくれた。『ランタブ』の医学的な特徴を要領よく説明したものである。ジグムド教授の論文はモンゴル語で書かれたもので、私はそれを日本語に訳して、著書に収録した。ここで、ジグムド教授の論文を簡素に要約するかたちで、『ランタブ』の医学的な特徴について説明したい。

『ランタブ』は全部で一三三章からなる。各章は具体的には以下の諸病についてのべている。

1、病因　2、気病　3、命脈気症　4、狼頭気症　5、喘息　6、胆症　7、痰症　8、聚合症　9、食不消症　10、痞塊症　11、浮腫　12、巨型水腫　13、水腫　14、大癆消耗症　15、熱病　16、熱病四要　17、熱病山原界喩　18、未成熟熱　19、盛熱　20、空虚熱　21、隠伏熱　22、陳熱　23、濁熱　24、傷熱　25、騒熱　26、瘟疫　27、天然痘　28、出疹　29、感冒　30、粘性脳刺痛　31、粘性白喉　32、粘性急刺痛　33、粘性痧症　34、粘性腸刺痛　35、粘性丹毒　36、粘性腺病　37、転筋粘症　38、粘性炭疽　39、粘性核瘡　40、粘性頸痙攣病　41、粘性黄胆症　42、粘性内炭疽　43、粘性蛋状痛　44、独遊粘症　45、粘性腫塊疫　46、腮腺粘腫　47、粘性唇瘡　48、頭疾　49、脳虫病　50、眼科疾病　51、耳科疾病　52、鼻科疾病　53、口腔科疾病　54、歯科疾病　55、頸部痛　56、心臓病　57、肺臓病　58、肺膿腫　59、肝臓病　60、脾臓病　61、腎臓病　62、夢精病　63、胃病　64、小腸病　65、慢性下痢　66、大腸疾病　67、男性生殖器病　68、女性生殖器病　69、音唖症　70、吐き気　71、消渇症　72、逆症　73、気喘　74、痧症　75、虫病　76、下痢　77、嘔吐病　78、便秘　79、尿閉症　80、遺尿症　81、熱性下痢　82、リューマチの一種　83、遊走型関節黄水病　84、新遊走型関節黄水病　85、黄水症　86、白脈症　87、腎脈症　88、皮膚病　89、贅瘤　90、その他の小さい病気　91、火傷　92、乳腺腫　93、腋臭　94、棘刺膿腫　95、核瘡　96、痔瘡　97、丹毒　98、ソリヤ　99、リンパ病　100、睾丸腫　101、腿毒病　102、会陰漏　103、助産方法　104、幼児看護　105、小児疾病　106、小児鬼邪症　107、小児鳥鬼邪症　108、婦人病総論　109、婦人分散病　110、婦人次病　111、避妊法　112、

鬼邪病　113、瘋癲魔症　114、健忘症　115、脳虫病　116、星曜魔症　117、凶残麻瘋魔症
118、傷科総論　119、頭部創傷　120、頸部創傷　121、躯幹創傷　122、四肢創傷　123、中毒症　124、食物中毒　125、肉毒素中毒　126、肉不消症　127、毒物中毒　128、接触中毒
129、狂犬病　130、滋養強壮　131、優生方法　132、発声を良くする方法　133、老年養生法

これらの多種多様な病気について、『ランタブ』は各章で病因、症状そして治療方法についてすべて詳しくのべている。このうち、動脈の気症、喘息、粘性ニャン腸刺病など十数種の病気治療法は、本来の『四部医典』にも記述がなく、新たにサンジャイジャムソが書きたした部分である。特に一八種の「粘性《ニャン》病」に関する診断と治療方法は、チベット・モンゴル医学界で通常「《ランタブ》の一八種粘性《ニャン》病」として知られている、という。

では、「粘性《ニャン》病」とは何だろう。

チベット医学における粘性《ニャン》は、病気をひきおこす、目にみえない小さな生き物とされている。ジグムド教授の解釈では、現代医学の病原菌微生物にでも相当する概念であろう、という。『ランタブ』が成立した一七世紀末、厳密な認識でこそないものの、

チベット医学における病原性微生物に限りなく近い概念であった、とジグムド教授は分析している。病因分析と治療方法の面で、『ランタブ』の方は、『四部医典』第三部「秘訣医典」よりもさらに進歩し、さまざまな新しい治療方法が紹介されている、とジグムド教授は評価している。

このように、病因分析と治療方法の面で、『ランタブ』は『四部医典』第三部「秘訣医典」よりもさらに進歩している。新しい治療方法も詳細になったばかりでなく、簡潔になった一面もある。たとえば、「秘訣医典」では気症を六三種にわけていたのに対し、『ランタブ』はそれらを一〇種に帰納しているのが特徴的である。

モンゴル人医学者の活用例

私が二〇〇二年に公開した『ランタブ』は名医ウルジバヤルが徒歩で北京からもちかえり、バトチローとガンジョールジャブの父子二代をとおしてつかわれたものである。『四部医典』第三部「秘訣医典」は秘密たる医術についてのべていることから、もっともひろく読まれていたという。『四部医典』はきわめて難解のため、その第三部の増補本である『ランタブ』のほうが実際に医療活動にたずさわる医学者たちに指針書としてあおがれていた、との証言が多い。ガンジョールジャブが重宝していた

『ランタブ』もウルジバヤル、バトチロー、ガンジョールジャブら複数の医学者たちに利用されてきたため、本文中に彼らがのこしたと思われるメモ類が多い。

　ガンジョールジャブの『ランタブ』は、少なくともウルジバヤル、バトチロー、ガンジョールジャブという三人の医者につかわれてきたため、いたるところに彼らの使用痕跡がのこっている。以下では、木版本にみられるさまざまな跡をとおして上記三人の医学者たちの経典利用の方法をみてみよう。これは木版本の現状における特徴でもある。

　メモ類の大半は葦ペンをもちいている。インクは黒と朱、黄と緑の数種がある。他人のメモと区別するために意識的に異なる色のペンを使用したのか、あるいはかつてインク類は貴重なものであったため、手もとにあるものでまにあわせていたかもしれない。また、段落のはじまりとおわりの箇所を朱もしくは黄色でマークしている。これは利用者がつけたもので、モンゴル語写本や木版本によくある現象である。

　さて、メモ類のなかで葦ペンを使用したのは誰であろうか。上にしめした「達満續下乙」にある「本書のなかで秘密とされたり、あるいは記述不足なところをみつけて補筆したりしておいた。衆生のために役立てるよう」との語句を想起すれば、葦ペンの使用者はおそらく、北京に行って『ランタブ』等を購入してきたウルジバヤルであろう。

メモ類にはモンゴル語とチベット語の両方がみられる。内容的には病名、処方、病理解説などとなっている。たとえば、「達満上一百廿九」というページのメモには「イレムとよぶ病気は最初かなり便秘になりやすく、熱がでる。翌日は下痢になる。場合によってはすぐに下痢する」という表現がある。

もう一つ、補筆の例をあげよう。「達満上四百」の右端にはもともとチベット文字いりの絵があった。民間ではこの種の絵を「秘密の呪術絵」と呼ぶことが多い。本書所収の『ランタブ』では、絵のうえに黄色い紙がはられ、毛筆でつぎのような言葉が書かれている。


ジャンダの羽を七つ拾う。ジャンダをふたたび卵のなかに入れて蒸す。その後ジャンダを捨てて卵を何回も食べれば尿とともに血塊がでて、尿がうすくなろう。


ジャンダとは何かはわからないが、このような書きこみはいわば「秘密たる医術」の一つをさらに補完し、充実させた例であることはまちがいなかろう。

木版本の利用者は、別の紙に書いたメモを文書にはった例もある。たとえば「達満下一百廿九」にチベット語で書かれたメモと図がはってある。その近くにモンゴル語で「周囲に火をえがいた」とある。これは一種の護符である。投薬や手術と同時に、呪術的な治療も並行していたことのあらわれであろう。

このように、木版本に書きこまれているメモ類は、経典に関する一種の注釈である、と位置づけてもいいすぎではなかろう。ある一つの経典を盲信せずに、べつの版本や原典にもあたったり、臨床にもとづく新しい知識で解釈したりしていた厳密な医療行為が如実に反映されているといえよう。

私が公開した木版本の『ランタブ』は、医療の第一線で活躍していた三人の医学者に実際に利用されていたものである。この三人は師弟もしくは父子関係にあった。時代的にはちょうど二〇世紀を生きとおしたことになる。彼らは『ランタブ』の行間にたくさんのメモ類をのこした。これらのメモ類は、医学者たちによる『ランタブ』の校注ともいえよう。そうした意味で、ガンジョールジャブの『ランタブ』には、もとの木版本以上にモンゴル・チベット医学者たちの知識が凝集されていると評価できよう。

モンゴル語木版本は北京版がもっとも有名で、アル・クレー版あるいはウルガ（現ウランバートル）版も大きな存在だった。しかし、北京版やウルガ版だけでは知的好奇心の強いモンゴル人のニーズには十分こたえられなかった。清朝時代後期、オルドス地域のいくつかの寺院においても、木版が彫られるようになった（写真34）。木版のほか、わずかながら鉛版もつくられていた。木版彫りの名人としてハンギン旗出身のエンケスゥムベルという人物の名をあげる人が多い。彼は清末から中華民国時代にかけて生存していた。ある情報によると、オルドスでは特に詩歌や医学関係の著作が木版印刷されていたという。私はオルドス地域で製版され、印刷された木版本をさがしもとめてきた。その後、オーノスから一冊、エンケスゥムベルの木版本を手に入れることができた。世界的にも稀少な版本である。

写真34　世界的に稀少な版本とされるオルドスの木版本。有名な職人エンケスゥムベルが彫ったもので、ハンギン旗の王府衙門で保管されていたものである。著者蔵

第四章　激動の時代と草原の文人たち

モンゴル人にとって漢人は荷厄介《にやっかい》で、どうにもうとましかった。もっとも漢人のほうも、モンゴル人に対し内心侮蔑していた。そのわけは主として、「彼ら野蛮人は孔子・孟子の書を読まない」と、いうことだった（司馬遼太郎『草原の記』）。

革命家と民族文化のゆくえ

一九二九年生まれのオーノス（前掲写真14参照）は現在、内モンゴル自治区の首府フフホト市内のアパートに住んでいる。室内には家具らしい家具はあまりない。あるのは古本と手写本だけだ。彼が所有していた年代記『真珠の数珠』については、すでに本書第一章でくわしくのべた。

　このオーノスという個人名は、オーノス部という氏族集団名に由来する。オーノス部は内モンゴル自治区西部オルドス地域ウーシン旗の一大集団である。オーノスとはオーノの複数形である。オーノとはガゼルの一種とされている。ガゼルを漢語で「黄《ホワン》羊《ヤン》」という。オーノス部が「羊」と同音の「楊」を漢字姓に採用したのは、二〇世紀にはいってからのことである。中国文化に接近したモンゴル人の一部は漢字姓をこのんでつかうようになった。私もオーノス部の一員で、オーノスは私の叔父である。

　オーノスは少年時代から共産主義の革命活動にくわわり、楊玉祥《ヤンユーシャン》という漢語名を数年間使用していた。私の父親バヤンドルジの漢語名は楊玉明《ヤンユーミン》といい、オーノスの影響をうけて共産党の延安民族学院に入学し、のちに中国人民解放軍に入隊した（写真35）。延安は中国西北部の黄土高原にある小さな貧しい町である。延安民族学院は中国共産党が対少数民族政策を考案するために一九四一年九月につくった大学である。大学が成立した最初のころ、学生の大半はモンゴル人だった。

　共産主義思想への共鳴は決して民族文化の保護と対立するものではない、と若かったオーノは信じていた。一九四九年に中華人民共和国が成立したあと、オーノスは楊玉祥という漢語名よりも、みずからの属する氏族集団名を個人名としてもちいるよう

写真35　中国人民解放軍内モンゴル軍区騎兵第五師団にいた頃のバヤンドルジ＝楊玉明(右端)。1950年代初期にフフホト市西部チャースチに駐屯していたころの一枚

になった。ところが、一貫してモンゴル人の伝統文化の保護に熱心であったことが原因で、彼は社会主義時代に中国共産党から批判闘争の対象とされた。このようなオーノスの生涯は、二〇世紀を生きた内モンゴルの文化人、知識人の典型といえよう。

教科書としてつかわれた手写本

モンゴル人はいったい何のために手写本を書いたのだろう。書かれた手写本はまた人びとにどんな影響をあたえたのだろうか。手写本とモンゴル人は切ってもきれない関係にある。手写本とその収集者は、表裏一体のような存在である。そのため、これから「モンゴル人にとっての手写本と一知識人オーノスの生き方」を軸に、モンゴル語手写本の社会的、歴史的性質についてのべる。

オーノスがあつめた手写本類を「オーノス・コレクション」と命名しよう。この「オーノス・コレクション」の手写本にはオルドス・モンゴル人の書風が顕著にあらわれている。モンゴルにはさまざまな部族があった。清朝時代、かつての部族をもとに、盟《アイマク》という行政組織がつくられた。部族・盟ごとにそれぞれ独自の書風が認められている。オルドス・モンゴルの場合、簡単にいえば、モンゴル文字末端の「右引き尾」がふとくて短い。「前引き」は長くてするどい（写真36）。また、清朝時代には満洲文字の素養をもつ人がふえた。満洲文字はモンゴル文字を改良してつくったものであるが、発音の表記などは若干合理的になったところもある、と草原の文人たちはそう思っていたらしい。文字の右側に点をうつなど、より正確に発音を表記しようと書かれた手写本もある。

オーノス・コレクションは四七の手写本からなる。木版から刷った五台山の護符二枚以外は、すべて手写本である。一冊の手写本が複数の内容からなる場合もあり、内容にもとづいて数えると、五三種に達する。私は「オーノス・コレクション」内の手写本を以下四つに大きく分類した。

一　教育詩と箴言
二　教訓書
三　文学と伝統文化
四　年代記

では、「オーノス・コレクション」の主人公、オーノスは幼少のころからどんな教

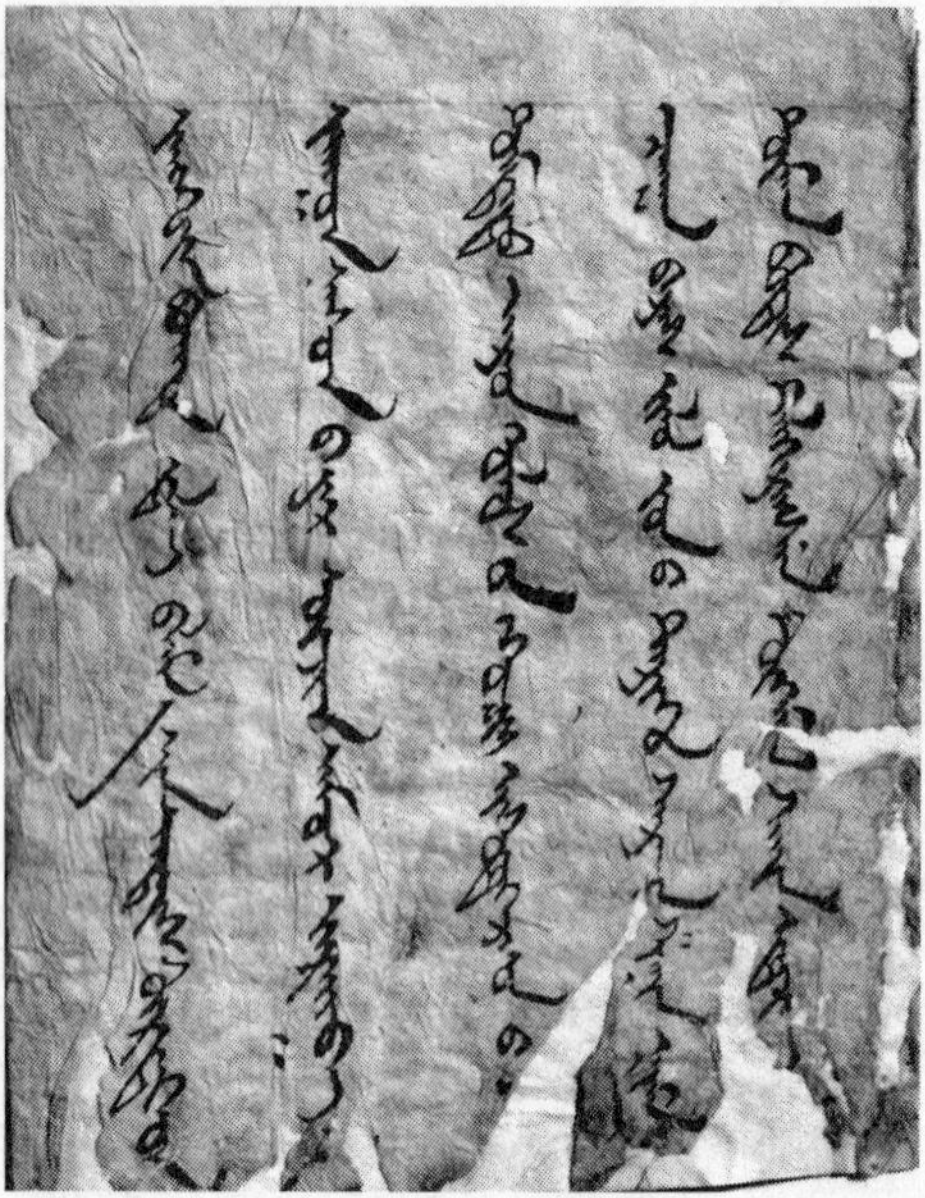

写真36　オルドス・モンゴルの書風をあらわした手写本の一ページ

育をうけてきたのか、本人にきいてみた。

ウーシン旗の衙門《ヤーメン》には貴族の子弟を対象とした学校がはやくからあった。衙門《ヤーメン》とは旗の王（札薩克《ジャサク》）を中心とする役所のことである。モンゴル語のほかにチベット語、満洲語、漢語などがおしえられていた。衙門《ヤーメン》の学校はおそくまで庶民に門戸をひらかなかった。オーノスのような庶民の子弟は民間の知識人の門下にはいるのが普通だった。師匠の家に数年間住みこみ、家畜の世話をし、労働奉仕を学資とした。師匠は気がむいたときにしか授業をしなかった。

オーノスはみずからの経験を淡々とふりかえる。「それでも、何歳のときに何をおしえるか、いまから考えると非常にシステマティックだった」と、肯定的な見方をする。私塾教育も実態はさまざまであろうが、オーノスは啓蒙の段階で以下のようなテキストを勉強したという。

一　字母入門
二　メルゲン・ゲゲンの詩
三　ゲシクバトの詩
四　イシダンゼンワンジャルの詩

五　『智慧の鍵《オユン・トゥルクール》』

六　『聖諭広訓』

メルゲン・ゲゲン（一七一七—一七六六）とは内モンゴル西部ウラト地域のメルゲン・ジョー寺（梅力更召　写真37）の活仏である。メルゲン・ゲゲンとは「賢い活仏」との意味で、この一門の歴代活仏はほとんど例外なく大学者だった。モンゴル地域のほとんどの僧侶がチベット語で経典を鵜呑みに読んでいたころ、メルゲン・ジョー寺の僧たちは典籍を極力モンゴル語に翻訳し、僧侶もモンゴル語で読経するよう努力していた。その結果、厖大な量にのぼるモンゴル語の書籍が歴代メルゲン・ゲゲンによってつくられた。現代の内モンゴルでは「メルゲン・ゲゲン研究」は一種の独特なモンゴル仏教学研究になっている。

ゲシクバト（前掲写真11参照）はオルドスの民間詩人である。イシダンゼンワンジャルは内モンゴル中央部のチャハル地域の出身で、オルドスのジュンワン旗の活仏であった。

『智慧の鍵《オユン・トゥルクール》』は古くから家庭教育につかわれてきた書物で、チンギス・ハーンの教えをまとめたものである、とみられている。『聖諭広訓』は清朝皇帝の名で配布され

写真37　内モンゴル西部のメルゲン・ジョー寺。2005年冬撮影

た、儒教的な道徳の実行をよびかけた書で、一九世紀以降のモンゴル各地で広くよまれていた。

字母入門だけは師匠がていねいに教えたが、ほかはすべて丸暗記だった。勿論、テキストの意味も理解していなかった。おぼえられなかったときは牛皮で編まれた鞭でお尻をたたかれた。

「たたかれずにして知識をまなぶことはない。戦わずにして国をつくることはない」

このようないにしえからの哲学を、身をもって体験したという。オーノスの記憶力はこのようにきたえられた。彼には数十冊のノートがある。どれも本人以外には解読困難なメモばかりである。近現代史のある出来事でも、わずか数文字からなる項目書きしかない。オーノスはいつもそのようなノートをみながら、歴史の一ページをかたる。オーノスはまた縦書きのモンゴル文字を横に書く速記法を開発した。横倒しにして書くときにはあたかもローマ字のようにはやく書けるという。彼のノートのおよそ半分は、モンゴル文字の横書き文（写真38）からなっている。

オーノスが子どものころにまなんだテキスト類の手写本は、すべて彼のコレクション内にふくまれている。これらの手写本はオーノスが子どものころに実際につかったものではなく、後日、他人からあつめたものである。

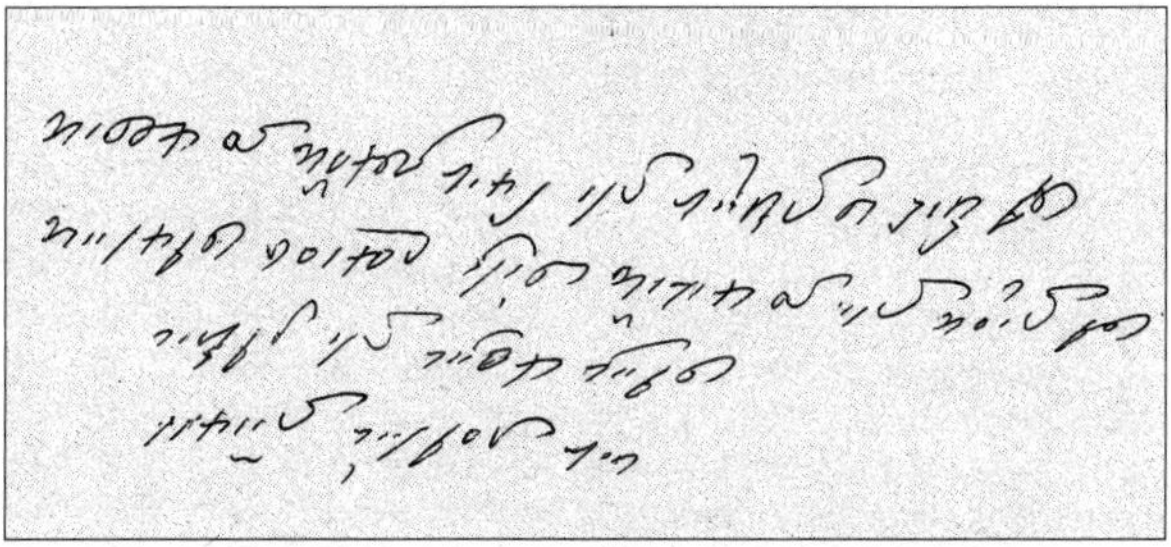

写真38　縦書きのモンゴル文字を横倒しにして書く速記法のノート

ここで、「オーノス・コレクション」のなかから「モンゴル文字入門書」をみてみよう。冒頭につぎのような詩文がある。

仏、法、僧の三宝を人生の頂上としておがみ
真摯の誓言を心に銘記しよう。
繁栄する宗教に真心をささげ
堅固たる国のために、法と礼にしたがおう。

字母と詩歌からなるこの手写本は、モンゴル文字の入門後、詩歌で基礎学力をかためていたことをしめしている。手写本のこのような構成は、オーノスの経験とも合致する。なお、この詩をウラト地域のメルゲン・ゲゲンの作品とする説もあるが、オルドスでは一般的に地元の詩人ゲシクバトの詩と認められている。作品の出所や原著者をめぐって、草原の人たちはときどき熱い論争をくりひろげることがある。

「小さな婿」という存在

オーノスは口数の多い子だった。ある日、著名な詩人アムルジャラガル（一八七〇

—一九四一）がオーノス家にやってきた。旅の疲れからか、詩人はしばらくぐっすり寝ていたという。寝ていた詩人の鼻の穴に、蝿が一匹はいっていくのを少年オーノスはみた。なんてでかい鼻だろう。蝿まではいれるとは、と少年オーノスは感心した。「私は誰だか知っているか」とおきてきた詩人に聞かれたとき、躊躇なく「鼻のでかいアムルだよ」とこたえた。大きな鼻は確かに詩人の特徴で、あだなにもなっていた。しかし、子どもは大人のあだなを本人の前で口にしてはいけなかった。子どものオーノスはいつもしゃべりすぎて母親の鞭をくらっていたという。

モンゴル語の初等教育をおえてから、オーノスは今度さらに難しい「中等教育」にすすんだ。その際、以下のような作品が教科書としてつかわれたという。

一　チンギス・ハーンの箴言《おことば》
二　年代記『蒙古源流《エルデニン・トブチ》』末尾部分の詩
三　年代記『黄金史《アルタン・トプチ》』の詩
四　ハンギン旗の詩人ロライザンブ（一八七三—一九三七あるいは一八八二—一九三八）の詩
五　オトク旗の詩人ロブサンチョインプル（一八九八—?）の詩

六　一九世紀前半に活躍したウーシン旗の詩人トダイ・タイジの詩
七　詩人アムルジャラガルの詩

「チンギス・ハーンの箴言《おことば》」は手写本のかたちでつたわり、古くからモンゴル人に珍重されてきた。この「チンギス・ハーンの箴言《おことば》」には一三世紀にチンギス・ハーンが定めた法令《ヤサ》の一部がふくまれているのではないか、と研究者たちはみている。法令《ヤサ》は長いこと北・中央アジアの遊牧民たちの慣習法として生きつづけた。「チンギス・ハーンの箴言」は法令《ヤサ》そのものではなくても、少なくとも法令《ヤサ》の精神の一部が反映されていることはまちがいなかろう。モンゴル人はそれを教科書として使用していたのである。オルドス地域で生まれた年代記『蒙古源流』の詩には滅びゆく大帝国への思いがおりこまれている。

以上のような作品を全部暗記したあと、師匠がひととおりの解説をするという。これはまる三年間もかかったという。この段階の教育をオーノスは「現在の中学校にあたる」と表現した。

モンゴルの男は一三歳で成人となる。「中等教育」を卒業したオーノスは一四歳のときに結婚した。嫁をむかえいれるのではなく、婿養子にだされたのである。ウジスグレンという貴族の「小さな婿《クリゲン》」にさせられた。ウジスグレンとは「端正な」、「美貌な」との意味である。花嫁は婿より五歳も年上だった。「小さな婿」をむかえた貴族家は金もちだったが、子どもは娘しかいなかった。年下の婿をうけいれたのは財産の分散をふせぎ、かつ、娘の発言権を確保するための手段だった。一般的に北、中央アジアの遊牧民社会で、チンギス・ハーン一族の婿《クリゲン》は社会的な地位が高かった。そのため、婿を意味するクリゲンやクリガンはなかば爵号のようにもつかわれた。ユーラシア大陸にティムール帝国をきずきあげたかのティムールもチンギス・ハーン家の婿《クリゲン》だった。

しかし、「小さな婿」は毎日のように羊の放牧を命じられた。食事もろくにあたえられなかった。そしてなによりもひとりで放牧にいくのが怖かった。当時のオルドス草原には狼がたくさんいたからである。

ある雪の夜、家の近くの寝床《ホー》にいた羊の群れに突然狼軍団が襲いかかってきた。羊たちは暗闇のなかへ逃げちった。「小さな婿」はたたきおこされ、羊たちをまとめるように命じられた。年上の妻は寝ていて動こうともしなかった。たまりにたまった不満が一気に爆発した。「小さな婿」は夜の草原にでていったが、羊たちをまとめるのではなく、そのまま家出をしてしまったのである。ときは一九四三年の早春だった。

少年オーノス、革命割拠地をめざす

家出した少年オーノスは実家にもよらずに、一路、陝西省北部にある定辺県をめざした。定辺はオルドス地域西部に位置する長城の要塞（写真39）の一つである。

一九世紀末から入殖活動をはじめていた中国人農民は、一九四〇年代にはいると、内モンゴル南部において無数の村落をつくり、不動の地位を獲得した。オルドス地域の場合、南部の豊かな草原地帯はすべて農耕地帯にかわっていた。中国人入殖者たちによって追われたモンゴル人たちは、狭められた草原でくらし、貧困の道をたどった。オーノス一族も例外ではなかった。貧しさのあまり、子どもたちを一人前に育てられなくなり、仕方なく金もちの「小さな婿」にだしたのである。

この時期、中国人の入殖活動に反対するドグイランという大衆運動が草原のいたるところで勃発していた。ドグイランのメンバーたちは組織内の実態を隠すために円形に署名していたことは第三章でのべたとおりである。ドグイランの一部メンバーは、共産主義思想に傾斜していた。このような現象に延安の共産主義者たちはいちはやく反応した。延安の共産党員たちは地道な努力によってモンゴル人党員をすこしずつふやしていった。中国人の共産主義者たちは階級闘争の理論とイデオロギーを利用して、

写真39　オルドス高原南部を東西に走る明朝期の長城の要塞の一つ。城門に帰鼎天地とある。1992年春撮影

中国人入殖者への不満の矛先をみごとに転換させた。モンゴル人の貧困化は中国人の入殖によるものではなく、札薩克《ジャサク》や貴族《タイジ》など「封建的な支配者」たちの搾取が原因であるとか、「民族間の矛盾《コンフリクト》よりも階級間の矛盾《コンフリクト》のほうが重要だ」と宣伝した。モンゴル人の青年たちにはこのような思想に共鳴する人物も多かった。なんともいえない皮肉である。

こうしたなか、ドグイラン運動のメンバーらが中心となっていたウーシン旗の軍隊も分裂した。その一部は旗の西部地域にうつり、定辺県や安辺県あたりまで進出していた共産党の軍隊との連携をしだいにつよめていった。

モンゴルの王公たちの腐敗と無能に対する憎しみは、階級闘争論とむすびついた。入殖者への単純な憎悪よりも、イデオロギーにもとづく組織的な闘争のほうが魅力的にもみえた。モンゴルや中国人といった民族の枠組みをこえたインターナショナルの世界へのあこがれが、少年オーノスを衝動にかりたてた。

定辺県についたオーノスは、モンゴル人を主体とする騎兵団にはいった。さきにウーシン旗の軍隊から分裂して、共産党に接近したグループである。前章で登場した医学者のバトチロー（趙玉山）もそのようなひとりだった。

共産党にとって、オルドス・モンゴル人はもっとも身近な少数民族だった。オルドス・モンゴル人との接触は、その少数民族政策の成否にかかわる問題であった。そこで、共産党は延安に民族学院という少数民族出身者を対象とした学校をつくった。社会主義思想を伝授し、将来の政権獲得を意識した民族政策を制定しようと工夫していた。オルドス地域のボロ・バラガスン、漢語で城川とよぶところには延安民族学院城川分校があった。一九四五年四月五日、オーノスは延安民族学院城川分校に入学した。つづいて一九四七年八月に、中国共産党党員となった。

すべてが狂った社会主義時代

中華人民共和国が成立した直後の一九五〇年代、オーノスは共産党の青年幹部に成長していた。延安民族学院を卒業した彼は、当時のオルドスではほかに類例をみないほどの高学歴のもちぬしだった。社会主義時代になると、なにもかもかわりだした。最初のあいだ、オーノスも時代の変化に適応していった。どんな仕事があたえられても、かわらずにつづけていたのは、手写本の収集である。オーノスは新生の伊克昭盟《イケ・ジョー・アイマク》の文化教育処につとめていた。中華人民共和国になっても、清朝時代の盟・旗制度は廃止されなかった。

やがて彼の手元には三百冊をうわまわる巨大な手写本コレクションができあがった。

三百冊以上の手写本というものは、現在の内蒙古図書館、内蒙古社会科学院図書室、モンゴル国国立中央図書館およびロシアやドイツ全土の手写本類にはおよばないが、世界のいかなる個人コレクションよりもすぐれた存在である。オーノスはそれらの手写本を研究者個人や研究機関に惜しまずに提供していた。研究者のなかには彼から借りた手写本を二度とかえさなかった不徳な者が多かったという。

社会主義中国の政治政策というのは、まったく予測もつかないところからでてきて、嵐となる。ときには大きな不幸をもたらす。一九五五年、オーノスは突然「胡風反党集団」の一員として逮捕され、批判闘争をあびるようになった。

胡風（一九〇二—一九八五）とはいかなる人物なのかさえ、オーノスは最初知らなかったという。『胡風自伝』といううすい本をひらいてみよう。文芸理論家にして詩人でもある胡風は中国南部の湖北省の出身である。湖北省は毛沢東の故郷である湖南省とは洞庭湖と揚子江をはさんでとなりあっている。一九三一年に日本に留学してくるが、まもなく「反戦同盟」にくわわり、日本共産党に入党する。反戦運動が罪となり、三ヶ月間投獄された後、一九三三年に強制送還される。帰国後は左翼文芸運動の一員になり、上海にある名門復旦大学の教授ポストにつく。

胡風反党集団の反社会主義思想がどんな内容だったかは、いまだにおもてにあらわれない。知識人を弾圧するために毛沢東がでっちあげた数々の政治運動の一つであることはまちがいない。胡風本人が一九八〇年に名誉回復されるまで、オーノスはまたなければならなかった。

それだけではすまなかった。一九六六年に文化大革命が発動されると（写真40）、オーノスはまたもやまっさきに攻撃された。当時、内モンゴル大学の指導者のひとりだった彼には、「ウラーンフーの追随者」、「高崗反党集団の一員」、「内モンゴル人民革命党党員」という三つの容疑がかけられた。

ウラーンフー（烏蘭夫、雲澤とも。一九〇六―一九八八）は内モンゴル南部のトゥメト部出身で、一九歳からソ連に留学し共産主義運動に身を投じ、内モンゴルの各盟や旗を中国の自治区につくりあげるのに大きな役割をはたした人物である。圧倒的多数のモンゴル人たちがモンゴル人民共和国との統一を切望していた一九四五年代、彼とその徒党は中国領にとどまり、中国共産党の指導をうけるべきだ、と主張していた。彼はモスクワに滞在していた経験から、ソ連型の自治共和国を中国で創成したかった。中国もまた「中華民主連邦」を設置し、諸民族に高度の自治をあたえるとのスローガンを掲げていたので、ウラーンフーは簡単に騙された。中国にとって、ウラーンフーは功臣のひとりであったはずである。しかし、文化大革命がはじまると、ウラーン

写真40　文化大革命中にモンゴル人たちを吊るし上げて暴力を加える中国の政治集会。モンゴル人たちには「反共産党、反社会主義、反毛沢東思想」という「三反」の罪が冠されている。著者蔵

フーは真っ先に粛清され、その追随者とされた大勢のモンゴル人たちが殺害された（楊海英『墓標なき草原』上）。

高崗は陝西省北部の出身で、毛沢東や周恩来らとは異なる、いわゆる陝北《せんほく》紅軍の創設者のひとりでもあり、一九二〇年代にはオルドス地域南部で活動していた。高崗とともに「陝北《せんほく》革命割拠地」を開拓したのは劉志丹と習仲勲である。劉志丹は毛沢東など中国南部出身の紅軍が陝西省北部に到着してまもなく「戦死」した。陝西省北部の人たちはいまだに劉志丹は毛沢東らに暗殺されたとみている。のこされた高崗も中華人民共和国の成立後、毛沢東との対立から共産党の指導者層から追放され、自殺に追いこまれたし、習仲勲は文化大革命中に粛清され、彼が熱愛する中国共産党の刑務所に閉じこめられた。その習仲勲の子息が今の習近平国家主席で、毛沢東流の独裁政治をしいている人物である。

一方的にでっちあげられた「内モンゴル人民革命党事件」では、三四万六千人が冤罪をこうむり、少なくとも二万七千九百人あまりが殺害された。すべて、内モンゴルの自立のために各界で活躍していた優秀な人びとだった。

以上のような「反革命組織」のどれか一つとすこしでも関連したとみられただけでも、命をおとす危険性があった。オーノスには同時に三つの罪名が冠されたのである。

昼夜連日にわたって暴力をうけ、肋骨をすべて折られた。二週間以上も高熱がつづき、敗血症にもかかり、生死の境をさまよった。それでも、オーノスはよみがえった。一九八一年に、内モンゴル大学党委員会の副書記のポストに、彼はもどったのである（楊海英『墓標なき草原』下）。

のこされた文化喪失の遺恨

一九五五年から一九八〇年まで、二五年間にわたる批判闘争は、ひとりの人間のもっともかがやかしいとき、人生のなかでもっとも生産性の高い時期を台無しにしてしまった、とオーノスは回顧する。

オーノスが毎日のように批判闘争されていたころ、彼のあの三百冊以上にものぼる手写本は、フフホト市内にある、革命委員会のトイレに運びこまれた。誰かが用を足すたび、手写本をちぎっては消費していた。かくして、手写本の数は日ごとに減っていった。ある日、このままでは「反共産党の証拠」がなくなるので、罪証をのこすために、トイレから手写本がもちだされた。名誉回復後にオーノスの手元にもどったのが、本書で「オーノス・コレクション」とよぶ四七冊の手写本である。

「オーノス・コレクション」にはウラトのメルゲン・ゲゲンが一八世紀に書きあげた

有名な年代記『黄金史綱《アルタン・トプチ》』がある。その表紙につぎのような落書きがある。「『黄金《アルタン》史綱《トプチ》』。プロレタリアの立場にかたくたって、物語や歴史の財産をしっかり研究すれば、昔と現在の（階級）矛盾の真価がわかる」と万年筆で書いてある。また、「対子という偶句の書」という手写本には「団結は力なり」とのメモがある。

これらの落書きはオーノスの手による。逮捕と没収を予想したうえでの対策である。みずからの手写本に共産党の当時の政策に合致した語句をかきこむことによって、手写本を保護しようとしたのである。プロレタリアの立場でもよいし、階級闘争の真価を究明するためでもよいから、こわさずに研究につかおう、というささやかな、じつに悲哀にみちた抵抗である。

手写本の喪失は文化の消失を意味する、とオーノスは何回も強調する。うしなわれた二百数十冊以上の手写本類には年代記もあっただろう。有名無名な詩人の作品もふくまれていたにちがいない。あるいは、いまの研究者たちにはまったく知られていない貴重な著作があったかもしれない。

ブリヤート・モンゴル出身で、モンゴル国の文献コレクションの礎をかためたジャムツァラーノの事跡をオーノスは一九五〇年代初期から把握していた。ジャムツァラーノはバイカル湖の東にあるブリヤートのアガ草原に一八八一年に生まれた。アガの南にはチンギス・ハーンの故郷オノン河が流れている。成人したあとのジャムツァラーノはサンクト・ペテルブルグ大学でモンゴル語を教えたこともある。その代表作の一つ、『一七世紀のモンゴル語諸年代記』はいまでも研究者たちが座右におく著作である。一九二一年、彼はモンゴル人民革命党の綱領を執筆し、革命家としての活動も注目されていた。自民族への愛情が共産主義よりも篤い彼をソ連の共産党員たちは無視できなかった。一九三七年に同志たちとともに逮捕されたジャムツァラーノの罪の一つは「日本のスパイ」だった。ロシア人の監獄でこの世を去ったのは一九四三年とされている（写真41）。

モンゴル人民共和国の大学者ダムディンスレン、リンチン、ソビエトのモンゴル学者ディリコフらが一九五〇年代にオルドスにあるチンギス・ハーンの祭殿八白宮をおとずれたとき、当時文化教育関係の仕事をしていたオーノスは彼らと積極的に交流していた。同じ体制で、異なる国におさまっていたモンゴル人は当時、まだ中国による離間の謀略を知らなかった。

このように、モンゴル人民共和国での文献の収集と研究動向にもオーノスは注目していた。手写本をあつめてダムディンスレンやリンチンのように研究もしたかったという。少なくとも、みずからがうけてきた民間の伝統教育の視点から手写本を研究し

写真41　ロシア連邦ブリヤート共和国の国立図書館とその前に立つ知識人の像。ここに保管されているモンゴル語史料は世界最高水準であるが、その収集家兼革命家たちはソ連によって1937年に粛清された。2012年夏、ブリヤート共和国は民族文化に対する功労者としてその名誉回復を宣言した。2012年夏撮影

たかったという。ひとりの人間の力には限界があり、研究機関に特別のコレクションをもうけ、より多くの研究者たちにも提供したかった、とオーノスは語る。

オーノスは、本書第一章でふれた手写本収集家、「賢い英雄」のメルゲンバートルと親しかった。「彼には何十冊もの手写本をわたしたことがある」とオーノスは回顧する。もし、メルゲンバートルがあつめた手写本がすべて内蒙古図書館にあるとするならば、オーノスの手写本の相当の部分は内蒙古図書館などの機関にねむっていることになろう。内蒙古図書館内の手写本類がいつ、誰が、どこから収集したかについては、詳しい情報があまりのこされていない。また、内モンゴルの私利私欲の強い研究者たちはオーノスから手写本を借りていっては二度とかえさなかったという。オーノスからの手写本をつかって論文や本を書いたときも、オーノスに感謝のことばすらなかったという。その後、オーノスは自分の手写本類を他人にみせなくなった。

オーノスの夢は政治運動によって大きな打撃をうけ、ついに実現できなかった。せめてカタログに整理しておこう、という私のかねてからの希望をオーノスは聞きいれた。一九九七年春、私はオーノスからあずかった手写本を国立民族学博物館・地域研究企画交流センター内の松原正毅教授の研究室にもちこんだ。手写本の学術的な価値は量りしれない、と先生は評価してくれた。手写本を少しずつ公開しながら、カタログをつくりなさい、とすすめられた。二〇〇二年に出版された『草原と馬とモンゴル人』（NHKブックス）のなかに収録した「チンギス・ハーンの二頭の駿馬」という叙事詩も、じつは「オーノス・コレクション」内の手写本を日本語に訳したものである。およそ一年間をかけて、カタログができあがり、国立民族学博物館・地域研究企画交流センターから『オルドス・モンゴル族オーノス氏の写本コレクション』（二〇〇二年）と題するかたちで発行された。手写本のカタログ出版により、「オーノス・コレクション」の学術的な価値が研究者たちにつたわることをオーノスはねがっている。

詩人たちの群像

「オーノス・コレクション」の全手写本類は、一冊や二冊の研究書でおさまるものではない。これから少しずつ単独の書物のかたちでおおやけにしていかなければならないが、本書ではそのなかの詩を一部紹介しよう。というのは、二〇世紀の歴史的な変化に、モンゴルの詩人たちはもっとも敏感に反応していたからである。

革命家とされた詩人ゲシクバト

詩人ゲシクバトはガタギン部の出身である。ガタギン部はチンギス・ハーンを生んだ「黄金家族」とは神話上、共通の祖先をもち、いわば「準黄金家族」のような氏族である。ゲシクバトの作品は従来から多くの研究者たちにとりあげられてきた。モンゴル人民共和国の碩学、ダムディスレンは『モンゴル文学珠玉百篇』のなかでその詩を四首収録している。また、ドイツのハイシッヒはまずゲシクバトの年代記『宝の史網《エルデニン・トブチ》』の手写本を公開し、さらにその一生と主要な作品をヨーロッパに紹介している。ハイシッヒはベルギーのモスタールト師が所蔵する「新作詩文」の一部をゲシクバトの自筆として発表している。その写真を「オーノス・コレクション」の手写本と比較したところ、同一人物の手によるものであることは、一目瞭然である。モスタールト師がオルドスに滞在していたころ、ゲシクバトと親交をかわしていたことを考えると、ゲシクバトの自筆とする見方はうたがう余地がない（写真42）。

オルドスの民間からゲシクバトの詩の手写本をみつけることがまだ可能である。信頼関係をきずいておけば手写本はみせてもらえる。地元ウーシン旗の知識界はゲシクバトを誇りに思っている。ウーシン旗のモンゴル人中学校の教師たちはゲシクバトの詩を謄写して学生たちにくばっている。日常会話のなかでゲシクバトの詩を数行ほど

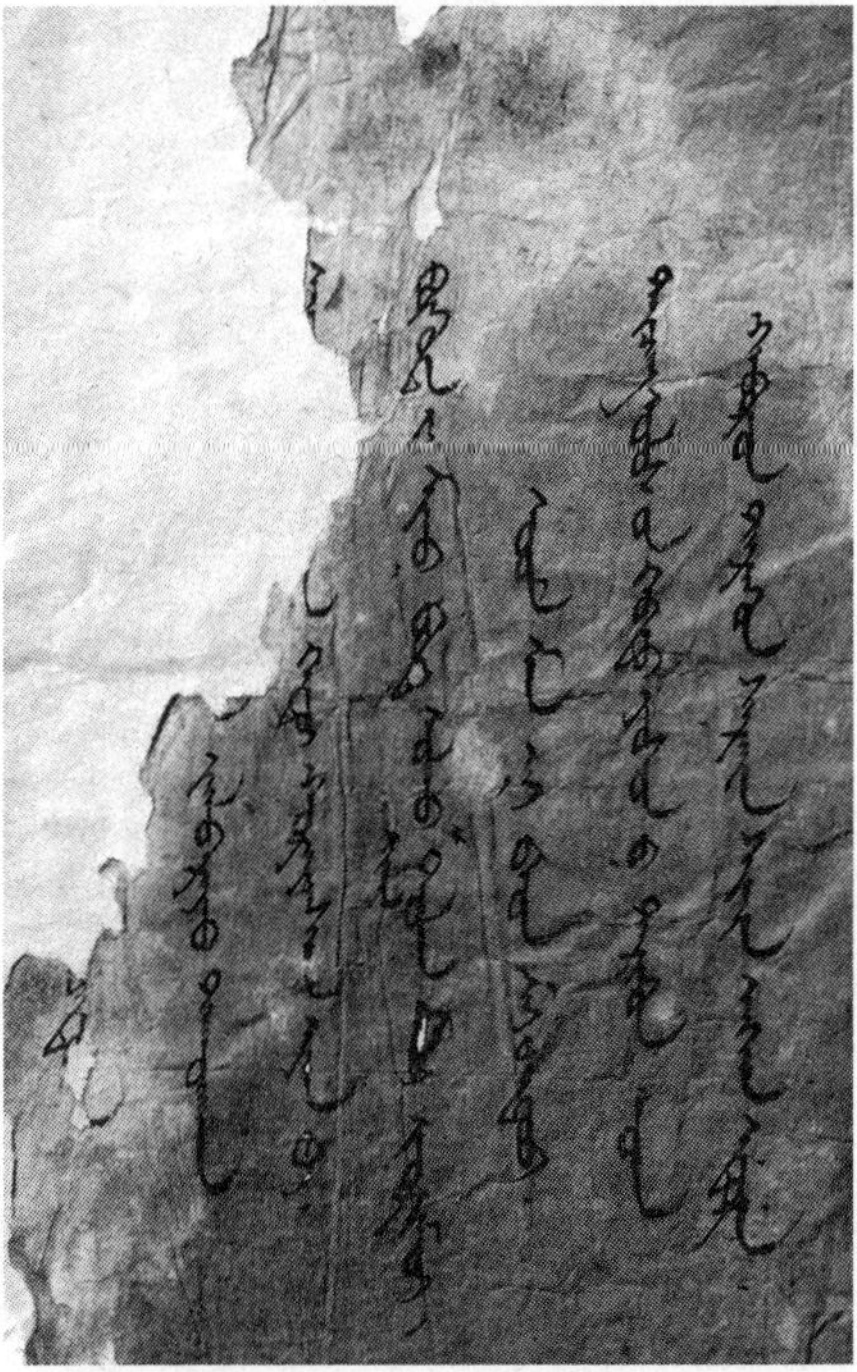

写真42　著名な詩人ゲシクバトの直筆手写本の奥付

引用できる者は教養ある人物とみなされる。

ゲシクバトはその「新作詩文」のなかで自分をつぎのように表現している。

オルドス・ウーシン旗のひとりの愚頓な老人
管旗章京衙《ジャキルクチ・ジャンギ》で司法官の私
ゲシクバトは六〇歳をすぎて
今生と来世を感慨して詩をつづった。

僧と仏を私はおがみ、うたがわなかった。
経典と僧侶を真心で信じた。
一四歳から公務にたずさわり、
アムドやチベットの聖人たちの説教を何回も聞いた。
王朝の主君たるハンをも何回かはみた。

以上の詩は清朝が滅ぶ直前の一九〇九年の作品であることをその奥付《コロフォン》が記している。詩人はみずからの豊富な人生経験からえられた真理を詩でもってうったえている。

このようなゲシクバトには強力なライバルがひとりいた。同じくウーシン旗のトリ平野にすむガルマだった（写真43）。ガルマはゲシクバトをつぎのように表現した。

かたまった、けちくさい黒い口ひげをもち、
そのうえにまるく、でっぱった赤い鼻がある。
いつも苦虫をかみつぶしたような面をもち、
それはウーシン旗の西部の境界の番人たる人物だ。

眼窩には一寸ほど乾いた
梟《ふくろう》の目のような黄色い目玉がある。
雌犬のようにおちつきがなく、
それはウランソーという女の愛人だ。

ガルマのこの詩のなかに、肯定的な意味での言葉づかいは一つもない。一四歳から公務にたずさわってきた、と自負するゲシクバトに対し、たかが旗の境界をみまもる下級の番人にすぎない、とガルマは揶揄する。梟は死を予告するもっとも不吉な鳥と

写真43　詩人ガルマ。彼は1933年に北京でモスタールト師と会っている。*Ordosica*,1934より

してモンゴル人にきらわれる。おまけにウランソーという女性とのスキャンダルまで暴露されている。ウランソーは、アルタンホワールとジョガンと三姉妹で、清朝末期から中華民国期にかけて、オルドス西部ウーシン旗のタライン・ウス平野に住んでいた。民間では「オルドスの三大美人」として知られ、多くのロマンチックな伝説をのこしている。ゲシクバトはほかにも「ジョガンに捧げる」という詩を書いており、三姉妹によほど傾倒していたようである。

ライバルのガルマから痛い一撃をくらったゲシクバトであるが、彼もだまってはいられなかった。

　　トリ平野にすむ声のうるさいやつ
　馬鹿なロバのように鼻を鳴らすやつ。
　ゴミの山にあつまってくるやつ
　　騒音をたててさわぐやつ。

ロバは家畜のジャンルにはいらない、意地悪で愚かな動物と遊牧民たちにみなされる。ロバの鳴き声は不吉な騒音とされる。二人の詩人のこのやりとりを知らないオルドス・モンゴル人はいない。

ゲシクバトもガルマももともとは中国人の入殖に反対する大衆運動ドグイランの中心メンバーだった。運動の展開方針をめぐってゲシクバトとガルマは立場を異にしていた。それには女性もからんでいたことから、詩壇での対立は白熱化した。中華人民共和国が成立すると、反漢のドグイラン運動を民主主義革命運動の一部であると共産党は定義した。ゲシクバトも死後数十年たって革命家にまつりあげられた。一方のガルマは反革命分子とされた。

ゲシクバトの作品は詩人で、民俗学者でもあるハスビリクト（写真44）らによって収集され、詩集が出版された。ガルマの作品に注目することはイデオロギー上において危険な行為であるため、いまだに放置されたままとなっている。ガルマの詩はたったの一首のみ、上記のゲシクバトを風刺した詩だけが、そのライバルを突出させるための道具として『ゲシクバトの詩集』（一九八六）に収録されている。

詩歌がになった伝統教育

オーノスをはじめ、オルドス・モンゴル人の子どもたちはゲシクバトの「簡明辞典」を入門書の一つとしていた。「辞典」と表記しているが、モンゴル語では辞典を

写真44　民俗学者兼詩人ハスビリクトが1950年代に撮った一枚。写真提供:Qasbiligtu

指すトリという言葉には鏡の意味もある。入門書のタイトルにトリという言葉がつかわれている場合、「鏡のように明快に」とのニュアンスがこめられているかもしれない。「簡明辞典」、あるいは「明るい鏡」は初等小学校の国語教科書としての役割をはたしていただけでなく、数学や自然認識に関する知識をも伝授しており、モンゴル人が日常的にいとなんできた放牧、狩猟、農業活動などを目にうかぶような筆致でえがき、おぼえやすい詩文からなっている。ここで、その一部をみてみよう。

辞典（鏡《トリ》）と名づけたこの書に
数字や年月をすべて
わかりやすく書きつづった。
これらをまなび、おぼえることはきわめて大切だ。

干支は最初子、丑からはじまり、
つづくのは寅、卯、辰、巳だ。
さらには午、未、申、酉があらわれ、
戌と亥が最後をかざる。

十二支の名称をしっかりと記憶し、
どんな年月があるかを把握し、
実際にこれらをつかうとき、
吉日と良時をえらぼう。

数字は一、二、三、四、五からはじまり、
つづいて六、七という。
全部で八、九、十となり、
これらを一の十ともいう。

……

麻黄《ジェルゲネク》と沙柳と檸条《ハルガナク》は野生植物で
果物には葡萄と棗がある。
枝葉が青々とおいしげる、
さまざまな樹木がある。

……

羊と山羊がいっしょに鳴き声をあげ、
なかには仔羊と仔山羊もまじっている。
群れが大きくなって繁殖し、
牧民の幸せもふえる。
駱駝にはメスとオスと仔がおり、
荷物をはこぶには馬が有用だ。
それらがすべて成長し、
幸福になるように。

このように、詩人はまず天干地支の名称からはじめ、宇宙の運行を子どもたちに認識させようとしている。人間は宇宙のなかの微小な存在にすぎず、ほかには動物や植物もある。「モンゴル人は家畜の力で生きる」という遊牧民の哲学を理解してもらおうと、五種の家畜の名称を詳しくとりあげている。現実からかけはなれた空論ではなく、すべて身のまわりの存在に対する知識である。

なぜ、ゲシクバトがこれほどにありふれた日常生活の描写と認識に徹したのだろうか。日常生活だと入門しやすいという方法論的な側面も勿論工夫の対象だろうが、ほかにも理由があったのではなかろうか。

じつは、「簡明辞典」（「明るい鏡」）は反中国人侵略の大衆運動ドグイランが沈静化したあとに書かれた。一九〇〇年からはじまり、一九一一年には一時的に収束をむかえたオルドス地域ウーシン旗のドグイランは、清朝による移民政策や中国人農民の草原開墾に反対する運動だった。貴族も庶民も階級をこえてこの大衆運動に身を投じた。詩人ゲシクバトは終始積極的にかかわっていた。反漢という目的は一致していたとしても、最終的には庶民出身のリーダーたちが処罰されて、運動が封印された。ゲシクバトも一九〇九年末か一九一〇年のはじめに公職を解かれている。

清朝が崩壊し中華民国になった時点で、中国北部はほぼ無政府状態におちいった。中国人農民たちは以前にもまして大挙して草原になだれこみ、水源に近い良質な草原を占拠しては殖民村落をつくった。中国人との混住をきらったモンゴル人は別の天地をもとめて遠く北の方へ移住した。しかし、経済的に余裕のない者は、現地にとどまらざるをえなかった。とどまった者はやがて放牧地を完全にうしない、中国人同様に農業をはじめるが、中国人なみの農耕技術をそなえていなかったモンゴル人はみるみるうちに貧困の道をたどった。ゲシクバトの故郷、ウーシン旗西部はこのような状況におかれていた。これは、内モンゴル全体の縮図でもある。

昔からのあたりまえのことが音をたててくずれていく。往時の敵が隣人と化しつつあるときに、詩人は将来を教育に託したにちがいない。

大衆を鼓舞する歴史詩文

特権階級のみが歴史を書き、歴史を知り、かつ歴史を運用するというようなことはモンゴルでは無縁である。ゲシクバトはモンゴルの歴史を平易な詩文体で記述したため、従来の年代記よりも効率よく民間につたわっていった。誰にでも歴史がわかることを詩人はめざしたのである。「オーノス・コレクション」にある「瑞雲寺賛歌」がその歴史観をしめしている。

英明聖主チンギス・ハーンの直系子孫アルタン・ハン、
ソクジンニンブ・セチェン・ノヤンらの英雄をはじめ、
ソノムジャムソこと第三世ダライ・ラマの法王らは
哲学の黄教を太陽のように昇天させた。

……
それ以降ウーシン旗に一八の寺院が建った。
ソクジンニンブの末裔バ公爺《グンイェ》は
平坦な尾根の南のふところで
天命をいただいて黄色い寺を建てた。
アムドやチベットから『大蔵経《ガンジョール》』を招請し、
十善福がそろった経典の世界が成立された。
……

光緒皇帝が瑞雲寺と命名した寺のモンゴル名は「驚嘆すべき雲をいただく寺」という。南北にはしる尾根の「黄色いふところ」という南に面した斜面に建っていた。民間では古くからシャラ・ジョーすなわち「黄色い寺」とよばれていた。もともとは小さなほこらが一つあった場所にすぎなかった。一八六〇年代の回民蜂起のあとに、バ公爺《グンイェ》すなわちバラジュル公《グン》によって拡大された。ウーシン旗では一、二位をあらそうほどの大伽藍だったが、一九六六年の中国文化大革命のときに破壊され、いまやなにものこっていない。一九九七年、偉大な詩人ゲシクバトを記念する石碑が彼の故郷、現在のウーシン旗シャルリク・ソムのモンゴル人小学校の校庭内に立てられた。小学校は往時の瑞雲寺の近くにある。

詩人は「瑞雲寺賛歌」のなかでまずチンギス・ハーンとフビライ・ハーンの事跡についてのべている。フビライ・ハーンがチベットからパクパ・ラマをよびよせ、仏教を国教とした歴史を万事の開始とする。つづいて一六世紀にアルタン・ハンとホトクタイ・セチェン・ホン・タイジ（一五四〇―一五八六、前掲写真13参照）がふたたび仏教を導入してから清末までの繁栄ぶりを詳しくふりかえっている。このような宗教史観は一六六二年に書かれたサガン・セチェン・ホン・タイジの『蒙古源流《エルデニン・トプチ》』、詩人自身の『宝の史綱《エルデニン・トプチ》』などの年代記の史観とは軌を一つとするものである。

たかが一つの寺院の賛歌にも、詩人は一三世紀からのモンゴルの精神史を反映させている。特にオルドス・モンゴルの往時の栄光をきずきあげたホトクタイ・セチェン・ホン・タイジについてはくりかえし言及しその功績を強調している。歴史を回顧することにより、時勢の困難をのりこえようと詩人のねらいはそこにあったのではなかろうか。

モンゴルそのものの文化を批判した詩人

馬車にのってモンゴル各地を旅する詩人兼医者がいた。馬車にはいつも医療道具をつんでいた。その名はイシダンゼンワンジャル（一八五三―一九〇六あるいは一八五四―一九〇七）という。内モンゴルのチャハル地域の出身であったが、七歳のときにオルドスの郡王旗にあるグンギンジョー寺の活仏に認定されてから、ずっとオルドスで暮すようになっていた。若いころは駿馬にまたがっていたが、年をとり肥満となってからは馬車にたよるようになったという。

イシダンゼンワンジャルの高明な医道に関するエピソードは多い。

彼はグンギンジョー寺の近くで天幕をはり、馬乳酒をかもして患者に投与していた（写真45）。肺病の治療に効果的な馬乳酒を早くから臨床につかっていたのである。ちなみに、現代の内モンゴル自治区やモンゴル国の近代的な病院のなかでも、馬乳酒を肺病治療にもちいる医術はつづいており、効果的な一面が重視されている。

モンゴル人の多くは、さきにのべたゲシクバトよりもイシダンゼンワンジャルの詩をこのむ。風骨があって正義感にみちているからであろう。たとえば前記の「瑞雲寺賛歌」のなかで、ゲシクバトはウーシン旗の貴族《タイジ》たち、すなわちホトクタイ・セチェン・ホン・タイジの子孫たちの功績を絶賛している。これと対照的なのは、イシダン

写真45　馬の乳を搾るオルドスのモンゴル人。他の家畜の搾乳と違い、男性が携わるのが一般的である。写真提供:Sayinjayagha

ゼンワンジャルの作品から権力にこびるような文意はまったく感じられないことである。イシダンゼンワンジャルもウーシン旗の瑞雲寺におとずれたことがある。瑞雲寺を主宰していた五《ウー》ラマことラクワジャムソに迎合しなかったため、長く滞在しなかったとつたわっている。五《ウー》ラマは貴族出身で、ときのウーシン旗の実力者のひとりであった（写真46）。

イシダンゼンワンジャルはモンゴル人の生活についてつぎのような詩を呈している。

……

羊の全身の毛をむしりとって天幕をつくる、
糞をあつめて寒さをしのぶのにつかう。
乳や栄養をしぼって飲むし、
最後には殺してしまうのはかわいそうではないか。

牛の乳房から白い乳をしぼりとって、
乳製品にして売っては金銀に換える。
生きる力がなくなるまで労役につかい、

写真46　オルドス西部の実力者五ラマことラクワジャムソ。反中国人侵略の抵抗運動ドグイラン運動の指導者だった彼は西洋からの宣教師たちと親しく交流していた。*Ordosica*,1934より

年をとったからといって殺してしまうのはかわいそうではないか。
清純な乳を吸わせたことを思えば、
その乳を食べてそだった我々こそ殺されるべきだろう。

煙のにおいがする偶像《オンゴン》をフェルトにつつみ、
寝るときと食事のたびにそれを汚す。
腕のいい職人がつくった金の仏像をみては、
五体投地の礼拝をするときの信仰はどこにあるのか。
……

羊の毛でフェルトをつくって天幕をはる。家畜の糞は燃料となる。食は乳と肉を基本とする。これらは遊牧の民であるモンゴル人が古くからあたりまえのようにいとなんできた暮しだ。「モンゴル人が生活できるのは家畜の御蔭だ」、「モンゴル人は家畜の力で生きている」といったような哲学を忘れてはいけない、と詩人は警鐘をならしている。仏教の観点から殺生を戒めるような軽薄なポーズではない。

モンゴル人の天幕にはシャマニズムの偶像がかざってある。チベット仏教の寺へいけば礼拝もするし、読経にも耳をかたむける。それが普通の人間の宗教的な行動であるが、活仏詩人の目には無信仰のようにうつったかもしれない。だから、シャマニズムの偶像《オンゴン》に朝夕にバターを塗布したり、食べ物をささげたりすることを「偶像を汚す行為」と表現している。

チベットの詩人の名を借りて

オーノス・コレクションには「聖ミラーの箴言」という手写本がある。ミラーは一一世紀のチベットの詩人である。若い頃は呪術を駆使して一家を苦しめた仇敵に復讐し、たくさんの人を死なせた。その後、仏門に入って隠遁修行に専念し、有名なヨーガ行者となる。ミラーの美しい詩と波乱万丈の物語風の伝記は一六一八年に著名な学者で、フフホトの高僧グーシ・チョルジによって翻訳されている。フフホトは当時、南モンゴルにおけるチベット仏教のセンターで、無数の経典がチベット語からモンゴル語に翻訳されていた。ミラーの詩と物語風の伝記はモンゴル人のあいだでひろく読まれ、ともにダムディンスレンの『モンゴル文学珠玉百篇』(一九五九)に一部収録されている。

なお、グーシ・チョルジ以外にも、ミラーの詩をモンゴル語に翻訳していた人物がいた可能性が高い。一九八四年に出版された『オルドス文化遺産』には「チベット語からモンゴル語に訳した《聖ミラーの詩》」というテキストが収録されている。いつ、誰による翻訳かは不明である。
オーノス・コレクション内の「聖ミラーの箴言」にはつぎのような表現がある。

主君たる王や役人どもは国家の政策を盾に
弱い老若男女を圧迫してきた。
それは運命の罪のもとだったとさとり、
いまさら反省してもなんの役にたつのか。
……
この世にうまれたるこの身は永久なるものではない。
あれこれとのさばるやつはなんと愚かか。
たかが百年の命しかないため、
千年後にものこる偉業をつくろうとすることはなんと難しい。

この「聖ミラーの箴言」はほんとうに一一世紀のミラーの作品であろうか。ミラーの作品であれば、新たな発見となろうが、私には、二〇世紀の政治に不平不満をもつ知識人の詩にみえる。

憤怒死した王の婿—革命期の混乱のなかで

詩人ゲシクバトの「簡明辞典」が、モンゴル人の啓蒙教育によくつかわれていたことはすでにのべた。この「簡明辞典」(「明るい鏡」)をさらに充実させた男がいる。男の名はエルデニトクトホといい、「宝がたまる」との意味である。エルデニトクトホが書いた作品は三冊からなる「新編簡明辞典」で、三冊ともオーノス・コレクションにはいっている。私は、エルデニトクトホに関する情報をあつめていたが、なかなかうまくいかなかった。というのは、エルデニトクトホをめぐる歴史は非常に複雑で、下手にしらべると、中国政府から行動を制限される危険性があったからである。エルデニトクトホはまた私の亡き祖母の親戚でもあったため、彼への思いはどうしてもたちきれなかった。

私の祖母はバルグジン部の出身である。バルグジンという氏族名は『モンゴル秘史』にも登場し、いまやロシア連邦ブリヤート共和国のバルグジン盆地(写真47)が本来の故郷であるとみられている。オルドス地域のバルグジン部は現在のウーシン旗に約四〇数戸ほどある。この集団の祖先は清朝と徹底抗戦したオイラト・モンゴルの

写真47　ブリヤート共和国のバルグジン盆地。遠くにみえるのは、『モンゴル秘史』に登場する聖なる山とされ、チンギス・ハーンの祖先が暮らしていた地である。1997年秋撮影

ガルダン・ボショクト・ハーン（在位　一六七八—一六九七）の軍人だったという。およそ二〇〇年前にモンゴ高原のハルハ地域からオルドスに移住したという伝承をもつ。

オルドス地域の民間において、バルグジン部の人びとは評判がよい。知識文化に熱心で、多くの文化人が輩出した。そのなかで特にエルデニトクトホが有名である。偶然のであいが思わぬ大きな情報をもたらす場合がある。一九九七年春、私はウーシン旗のガルート地域で調査していたころ、ひとりの若者から「馬の病気を治療する写本」を入手した。若者から手に入れた手写本はその後二〇〇一年に公開した。じつは若者が私に提供した手写本とまったく同じテキストを、ウーシン旗タライン・ウスにすむオユンダライという人物が一九八四年に発表している。それだけではない。このオユンダライという人物はまたエルデニトクトホの「新編簡明辞典」の第一、第二冊をも公開している。タライン・ウスとは「平野にたまる水」との意で、私の祖母の生まれ故郷である。私はどうしてもオユンダライという人物に会いたくなった。

一九九八年八月一五日、オユンダライがウーシン旗の西部にある私の家にあらわれた。なんと彼は私の祖母の親戚で、かのエルデニトクトホの孫だったのである。かくして、私はオユンダライからエルデニトクトホに関する情報を聞くことができたのである。

エルデニトクトホは普通タブナン・トクトホと人びとからよばれている。タブナンとは旗の王（札薩克《ジャサク》）の婿にあたえられる称号だ。エルデニトクトホはウーシン旗の札薩克《ジャサク》チャクドルスレン（在位　一八八四―一九一五）の娘ハルジャンという王女の婿だった。エルデニトクトホには王女だけでなく、もうひとりの夫人がいた。貴族で詩人トグスジャラガルの娘である。トグスジャラガルの父はワンチュクラブダンという、内モンゴル屈指の蔵書家だった。その蔵書はいま内蒙古図書館、内蒙古社会科学院図書室の主用な構成部分となっている。歴史学者リュージンソー（留金鎖）が『十善福白史』という歴史書を公開した際もワンチュクラブダン家の手写本を底本にしている。『十善福白史』はフビライ・ハーンが著し、一六世紀末にチベット仏教をモンゴルへ再導入した際に重要な役割をはたしたホトクタイ・セチェン・ホン・タイジが編集した作品とされている。

タブナン・トクトホとトグスジャラガルは義理の親子であるばかりでなく、近現代オルドス・モンゴルの歴史上においても、ともに似通った運命をたどっている。

一九四三年三月下旬、タブナン・トクトホとその家族ならびに岳父のトグスジャラガルは共産党によって延安に拉致された。延安の共産党がオルドス・モンゴルの有力者たちをその少数民族政策に利用しようとしていたころの出来事である。日中戦争が終了した一九四五年に一同はようやく解放されて故郷にもどる。

タブナン・トクトホもトグスジャラガルも民族の自立をめざす知識人で、中国共産党だろうが、国民党だろうが、中国人勢力とは距離をおこうとしていた。ウーシン旗にもどったタブナン・トクトホは旗に駐屯していた国民党軍の指揮官と口論し、激怒のあまりに脳溢血で急死する。一九四六年のことである。トグスジャラガルの方は一九五一年に中国共産党に処刑された。

タブナン・トクトホは多くの詩、歌を創作したが、政治的な理由から、まだ体系的に収集されていない。ひろくつたわっているのは「新編簡明辞典」である。

オユンダライは「新編簡明辞典」は一九三〇年代に書かれたのではないかという。一方、詩人で、民俗学者のハスビリクトは、「新編簡明辞典」はタブナン・トクトホが延安抑留中に書きあげたものであるという。オーノス・コレクション内の「新編簡明辞典」の第三冊の最後に「中華民国三三年甲申年夏の最後の月の吉日に」とある。中華民国三三年つまり一九四四年にはタブナン・トクトホはまだ延安に抑留されていた。著者の直筆なのか、ほかのひとの書写なのか、今後さらに研究する必要があろう。

美男薄命

タブナン・トクトホの義理の父親で、『十善福白史』を所有していた蔵書家ワンチュクラブダンの息子トグスジャラガルも、悲劇的な一生をおくっている。

一九二〇年代後半になると、反中国人侵略のドグイラン運動は、路線や闘争方針をめぐって、内部対立が以前よりも表面化した。モンゴル人民共和国の社会主義的な思想に共鳴するグループと従来の伝統的な社会秩序を維持しようとするグループの双方どちらもあゆみよろうとしなかった。

トグスジャラガルは、その父親とともに共産主義化には慎重な態度をとりつづけた。そのためか、一九二七年旧正月の八日か九日に、トグスジャラガルらは対立者たちからリンチをうけた。その際、彼はその盟友三人とともに片目を針で刺されて失明させられた。もうひとりは自殺においこまれた。

オーノスをはじめ、実際にトグスジャラガルをみたことのある人たちによると、彼は巨漢で、美男子としてしられていたという。オーノス・コレクションにもトグスジャラガルの作品ではないかという詩がある。ここで詩の一部をみてみよう。

……

我々兄弟はいつも同じ服装を身にまとうが、
この世に生まれ、
最初に父母にあったときは裸だった。
恩愛ある友人は天界に住み、
どの友人と親交しても感動が多い。
……
かよわい私の肉体には鋼鉄のような意志があり、
善悪の別をつけようとして
棘《とげ》で目が刺された。
……

トグスジャラガル父子はその後数年間ほど故郷のウーシン旗を離れて避難生活をおくった。トグスジャラガルの作品かどうかはべつとして、問題の詩はさらにつづく。

……
驚異的にできているわが身は
悪い伝説のもととなった。

火と土は万物の吉となれど、
わが身は死んでいった。
体の内外の罪を流そうと旅をつづけ、
各地で敬われたり、貶されたりして
さまざまな世相をみてきた。
……

上記の作品は、たとえそれがトグスジャラガルの詩ではなくても、詩の内容に彼の運命を思わせる要素はみられる。トグスジャラガルは流浪の旅から故郷にもどったあと、一九四三年三月に中国共産党によって前出のタブナン・トクトホらとともに「革命の割拠地」延安に拉致されたことはすでにのべたとおりである。

社会主義政権が成立したあと、中国共産党はドグイラン運動内の共産主義に傾斜していたグループを「革命派」とし、その対立者たちには「反革命派」というレッテルがはられた。こうして、一九五一年に、トグスジャラガルはさまざまな容疑をかけられ、「反革命分子」として処刑された（写真48）。トグスジャラガル家の蔵書は内モンゴルの図書館にならべられ、世界のモンゴル学者たちに利用されている。しかし、トグスジャラガルの遺骨はどこにすてられたかもわからない。

写真48　1980年代の内モンゴル自治区における「反革命分子」の公開処刑の風景。中国人は公開処刑を祭のように楽しみ、異様な盛り上がりを見せるので、その暴力文化を内モンゴルにも持ちこんだ。『蒙古写意』三、2007より

ある知識人は二〇世紀前半の歴史をつぎのようにふりかえっている。

強暴な日本が満洲人をたすけるとかいって、
内モンゴル人の土地をさきに占領した。
平穏をとりもどしたのちに、
制定すべき政策がどこへいったのか。
宣統皇帝《ラスト・エンペラー》をかつぎだしても、
占領のための利用にすぎない。
いにしえのことばを思いだしてみれば、
勝てば官軍、ということではなかろうか。

このように、時代は確実にかわりつつあったことを詩人たちも認めなければならなかった。

第五章　革命と僧侶たち

歴世の中国人に申しわけないが、むしろしばしば農民のほうが草原への侵略者だったのではないか。彼らは人口増加のあげく、つねに処女地をもとめ、匈奴の地である草原に蹌踉《よろぼ》い出て、鍬をうちこむ（司馬遼太郎『草原の記』）。

活仏とゲセル・ハーン

さて、少年オーノスが革命割拠地をめざしていた一九四〇年代、一般のモンゴル人はチベット仏教の寺院に精神的な支えをもとめていた。当然、僧侶ラマたちもモンゴル人に精神的な安定剤を処方する権威ある集団であった。彼らのいうことをそのまま信じなくても、特にうたがう理由もなかった。
寺院に参拝して寄付をし、マニ車をまわせば福徳をつむことができる、という手写本がのこっている。近所の寺院だけでは篤い信仰にこたえられないときには、敬虔な信者たちはさらに遠くの聖地である山西省の五台山や青海地域の塔爾寺《クンブム》に巡礼した(写真49)。五台山は文殊菩薩の住地、清涼山であると信仰され、中国や朝鮮、それに日本からも参拝者がおとずれる聖山だった。グンブム寺はチベット高原にあり、おのずと聖性は高い。モンゴル人はグンブムや五台山からもちかえった護符を家屋内の神棚にかざった。

ここで、革命期のオルドスにおけるチベット仏教のあり方をみてみたい。
西と北と東を黄河にかこまれているオルドスは、閉鎖的な地域とみられがちだが、実際はそうではなかった。凍結した冬は勿論、夏でも馬にのって簡単にわたれる場所はいたるところにある。黄河の浅瀬をこえれば、ハルハ・モンゴルの地は手にとるように近かった。いまや大国の意志で引かれた国境でへだてられ、同じ民族でも自由にゆききするには政治的な問題が多い。

ハルハ・モンゴルの首都はウルガ(現ウランバートル)といい、南モンゴル人はかつてそこを北庫倫《アル・クレー》とよんでいた。草原のモンゴル人は北庫倫《アル・クレー》と北京に特別な感情をい

写真49　ギョクノールこと青海省の名刹グンブム寺（塔爾寺）に巡礼するモンゴル人。2006年秋撮影

だいてきた。北京はかつて大元ウルスの都、「ハーンの都《バリク》」だったためであろう。大元ウルスの皇帝《ハーン》が中国人の明の軍隊によって中原から追放されたとき、大都北京を思い出して涙ながらに詠んだとされる詩が『蒙古源流』に記されている。

……

朝に起きて高みより眺むれば、美しき霞ある
前後より眺め見れば、美しく麗しき
冬となく夏となく家居せば、ウレイなく堅き
神武セチェン・ハーンの建てたる、宝の我が大都よ。
（岡田英弘訳『蒙古源流』）

大ハーンのこの悲歌は古くからモンゴルの知識人たちに愛されてきた。モンゴル人にとって、北京はやはりそれだけに特別な存在である。

一方、モンゴル高原の北庫倫《アル・クレー》には活仏ジェプツンダムバが君臨していた。初代ジェプツンダムバ（一六三五―一七二三）はチンギス・ハーンの末裔家に生まれた。遊牧社会における高貴な血筋と、チベットにおける神聖な宗教が結合して誕生新しい活佛だ（写真50）。二世もやはりチンギス・ハーン家の系統から生まれかわったが、モン

写真50　ボクド・ハーンの博物館に保管されているモンゴルの仏像。初代ジェプツンダムバは修行の傍ら女性美を現わした仏像を数多く鋳造した。高度の鋳造技術と鋭い人体認識が反映されていることで、西洋の美術界から「草原のルネサンス」と称賛されている。2017年春撮影

ゴル各部が神聖な活佛のもとに結束することを恐れた清朝政府は、チベットからの転生をもとめた。

清朝末期になると、北庫倫《アル・クレー》への期待は北京以上のものとなった。満洲清朝の腐敗と対列強の無能ぶりがモンゴル人をがっかりさせ、かわりに活仏ジェプツンダムバへの期待がたかまった。活仏はみごとにモンゴル人の期待にこたえ、民族の独立を実現させ、「ボクド・ハーン政権」を建立した。

南のオルドスと北のハルハ・モンゴルとのあいだにはじつに活発な人的な交流があった。前出のタブナン・トクトホをふくむバルグジン部以外にも、清朝時代にハルハからオルドス地域に移住してきた人びとの子孫を私は各地で確認している。逆の事例もある。家族の誰それが何らかの理由でハルハ地域へ行ったきりで、かえってこなかったという。

一九三七年以降にはいると、ハルハから南モンゴルへの人的な流入は一つのピークをむかえる。スターリン主導の宗教弾圧からのがれた人びとである。ハルハ・ラマとよばれる僧たちはオルドス各地の寺院に安住の地をもとめてきた。彼らはさまざまな思想をオルドスにもちこんだ。そのなかには、モンゴル高原に君臨する活仏、ジェプツンダムバ・ホトクトの名で配布された教訓書も多数ふくまれていた。中国人の研究者たちはこの種の教訓書を「きわめて反中国的な宣伝物」とみている。

「反革命的な」ラマたちの思想改造

陝西省北部の革命割拠地からオルドス地域にもどったオーノスにあたえられた仕事の一つは、「反革命的なラマたち」を社会主義陣営の一員に改造することであった。各地の寺院をおとずれ、ラマ僧たちをあつめては会議をひらく。共産党の宗教政策をひととおり説明し、還俗をすすめる。一九五八年に人民公社が成立するまで、強制的な手段にうったえでることはほとんどなかったという。

口数の多い少年はすっかり共産党の論客になっていたが、年配のラマ僧たちは聞く耳をもたなかった。会議のときにはいつも居眠りにふけっていた。なかの一部はアヘンの常習者でもあった。そのような僧たちに、「宗教はアヘンだ」と説くことは、至難の業にちかかった。

オーノスはタバコをラマ僧たちにふるまった。当時、誰からも銘柄とされていた「大前門《ターチエンメン》」や「哈徳門《ハダマル》」は特によろこばれた。一服できたラマ僧たちは顔がふたたびかがやき、長持に隠していた蔵書をオーノスにみせるようになった。手写本はもっていってもいいといわれたが、共産党の政策を信じようとはしなかった。

こうして、ラマ僧たちの書物は、オーノスに保管されるようになった。何よりも青年オーノスの興味をひいたのは北庫倫《アル・クレー》の活仏、聖なるジェプツンダムバの教訓書だった。オーノス・コレクションにもジェプツンダムバが配布した教訓書がふくまれている。これらの教訓書はすべて一九五〇年代初頭にあつめたものである。

説教するゲセル・ハーン

ゲセル・ハーンはモンゴル人が敬慕する神話上の英雄である。ゲセル・ハーン（ケサル・ハーンとも）の物語はチベットに起源をもつが、モンゴルの叙事詩に改版され、現代においても、つぎからつぎへと新しいバージョンが誕生するほどである。一般のモンゴル人は英雄の荒唐無稽な冒険談をこのんだが、高僧たちの一部、たとえば清朝皇帝に仕えたジャンガ（ジャンジャーとも）・ホトクトという活仏は戦闘的な英雄をきらっていた。民は読経にはげみ、もっと従順であるべきだと考えていたのであろう。

オーノス・コレクションのなかに「聖ゲセル・ハーンの諭した書一冊」という手写本がある。モンゴル人が日常生活のなかでどうあるべきかを説いている。この手写本のなかに血湧き肉踊る物語はいっさいなく、ゲセル・ハーンの名を借りて説教している。ゲセル・ハーンをきらっていたジャンガ・ホトクトのような僧侶の仕業であるかもしれない。

では、ゲセル・ハーンの「説教」ぶりをみてみよう。それにはつぎのようなことをしてはいけないという警告が記されている。

ほかの人の美しい女をみて欲念を燃やすこと。他人に負債してそれをかえそうとしないこと。……男が志をうしなうこと。女がおもいやりをなくすこと。男として妻子にしつけをしないこと。嫁が義理の父と兄に礼をつくさないこと。井戸やかまどの上をまたぐこと。人や食べものの上をまたぐこと。正月の一日と八日、五月の五日、七月十日、九月八日などの日にうたったり泣いたりすること。毎月一日に怒ったり大声をあげたりすること。北にむかって手鼻をかいたり、つばをはいたり、小便したりすること。夜おきて裸で歩くこと……流れ星にむかってつばをはくこと。虹を指さすこと。太陽と月を長時間ながめること。わけもなく蛙を殺すこと。蛇をいじめること。これらさまざまな罪をおかすと、天がその軽重をみて、百日単位でその寿命を減らすことになる。……

こまごまとした禁止事項が列記されているが、これだけのタブーを信心深いモンゴル人は実際にまもっていた。子どものころ、私の家のすぐ近くに住んでいたご婦人が急死した。人びとは「彼女はどうも北にむかって小便したらしい」とうわさしていた。それ以来、私も屋外の草原で夜に用を足すときにはかならず方向をたしかめるようになった。モンゴル人が神聖視する北斗星や北極星が北の空できらきらと光っていることを忘れてはいけないのである。

婚姻については、モンゴルをふくむ北・中央アジアの諸民族のあいだには、父や兄が死ぬと、生母以外の夫人や兄嫁をその兄弟たちが継承する習慣がある。人類学ではこれをレヴィレート婚という。レヴィレート婚と逆の行為は堅く禁じられている。そのためか、嫁が義理の父兄とどのように接するかはきわめて重要なことである。義理の父兄と慎重かつ礼儀正しくつきあうことは、道徳上もっとも重要とされてきた（楊海英『モンゴル帝国―草原のダイナミズムと女たち』）。

歴史を映す神託

教訓書のなかにはいつも複数の年代があらわれるのも特徴的である。つぎの教訓書をみてみよう。

この教訓書を丙寅（一八六六）年春の最初の月に書いた。……いまや天空からの風が強くなり、家畜に各種の病気が発生し、たびたび風害や水害がおこる。それらを駆逐する方法は、ロイバングユンという呪文を紙に書き、ぬるま湯につけて聖地オボーのあるところにまいて踏むことだ。……丁卯年（一八六七）からはじまり癸酉年（一八七三）にいたるまで敵が多い。それ以降戊寅年（一八七八）年まで名前のわかる病気やわからない病気が突然死をもたらす。ホトクトや活仏らをはじめ、八一の方士《シディテン》が漢人たちに石の雹を降らせて制裁をくわえるだろう。漢人からもモンゴル人に呪いをかけられるかもしれない。各種の姦計の書かれた紙きれを空から、暗所からまくだろうが、それらを拾ってはいけない。拾ったら災難がうつるだろう。……

いまや五渾のときになった。死んだ者が成仏しない。死んだ者に供養もおこなわない。僧は経典や呪文をまちがってよむ。よい人たちがたがいに反目する。女が男を支配する。山の野獣である虎やライオンが平地に降りてきて、平野の狼や野犬が人間にかみつくようになった。

悪い呪術師が二つの呪いをつくりあげた。そのうちの一つ、小さいのはモンゴル人に化けた。すでに一三年間もたち、錫の頭をもち、剣の嘴をもつ。もう一つは漢人に化けた。もう九年間もたった。狼の頭をもち、マングースを妻とする。このように化けた二つの呪いは、信心深い役人や善良な僧侶、健康な庶民たちに危害をおよぼしている。

……もしもこの教訓書を清書しておき、または護符にして首からかかげ、ときをえらんで読誦すれば悪敵は遠ざかり、もろもろの病気もうつらない。これらすべてを我々があやつれるように。もし、この教訓書を信じなかったら、我々二人の僧、インドやアムドの一三の寺院の経典や守護神をうたがったことになる。もしこの教訓書を誰も信じなかったら、オルドスの天たるチャガン・ウバシ、聖主チンギス・ハーンに報告する。この教訓書をきれいに書きうつし、六種の一切衆生に命令となるように。この教訓書のなかの悪敵や災難を退治し、おいはらう方法をよませ、それらの方法を我々は自分の父母のようにうやまおう。

この世の生きものに平安あれ。吉祥たれ。

これは、もともとジェプツンダムバが配布した教訓書が、書写がくりかえされているうちに地域化したのではないかと想像される。教訓書の権威を高めるためか、オルドスにまつられている聖主チンギス・ハーンの名を借りている。ボクド・ハーンの教訓書を書きうつした者はオルドスの僧であろうか。教訓書のなかの年代をモンゴルの近代史とかさねることもできよう。たとえば、上記丙寅年を一八六六（同治五）年、丁卯年を一八六七（同治六）年、癸酉年を一八七三（同治一二）年、戊寅年を一八七八（光緒四）年にそれぞれ仮定した場合、この教訓書が告示された背景が理解できよう。同治年間の回民蜂起は一八六六年にモンゴル高原南部のオルドスに波及し、八年間におよぶ戦乱をへて一八七三年に平穏をとりもどしている。回民蜂起軍はウルガの西まで侵攻し、寺という寺を破壊しつくしたため、蜂起収拾後は寺院の再建が大きな課題となっていた。ときの為政者は寺院再建によって民心の安定をはかろうとした。また、回民蜂起軍はモンゴル各地で家畜を略奪し、虐殺をはたらいていたことも報告されている。さらに一八七四年から一八七九年までモンゴル高原西部はひどい旱魃《かんばつ》にみまわれていたという研究もある。天災人禍がつづくなかで、このような教訓書は特に説得力があるようにみえたかもしれない。

ボクド・ハーンの精神世界

ノルウェーのオスロ大学に宣教師たちがモンゴルからもちかえった手写本類がある。ドイツの碩学ハイシッヒはそのなかの一種を「雑記帳」とよんだ。「雑記帳」のなか

写真51　第八世ジェブツンダムバ・ホトクトとその妃。彼は聖なるハーン、ボクド・ハーンとしてモンゴル独立後の初代国家元首に推戴された

の第八世ジェプツンダムバ（一八七〇―一九二四　写真51）による「反漢の教訓書」が特に研究者たちに注目された。

仏教の大高僧が特定の目的のために教訓書を配布することは珍しい現象ではない。明治以降の日本仏教界の法主《ほっす》たちもたびたび対外戦争への協力と関心を教訓書のかたちで信徒たちによびかけていた。モンゴルの場合、歴代ジェプツンダムバもまた韻文式の訓戒を配布し、モンゴル人に仏のおしえを厳格にまもるようよびかけていた。なかでも第八世ジェプツンダムバは特別な役割をはたした。彼は早くも一九世紀末から一九一一年に独立するまで、覚醒しないモンゴル人に対し、中国人の侵略を警戒しようと呼びかけた。

一八九二年のある日、国際情勢に敏感だった第八世ジェプツンダムバは突然夢をみた。そこで彼はモンゴル人にとっての最高神帝釈天のかわりとしてモンゴルの臣民たちにこう告げた。

北の三盟五七の旗、南四九の旗の僧俗すべてをまもるための聖ジェプツンダムバ・ホトクトの夢。
壬辰年（一八九二）正月の一五日の夜、活仏としての私の夢がなんであるかといえば、突然清朝の官帽と官服を身につけ、五色の雲のうえに座してとんできた。礼していわく、これは上天の最高神帝釈天が私の口をつかった命令だ。命じていわく、モンゴル人の苦難は目の前にあらわれている。モンゴル人が白い帽子をかぶり、漢人の靴をはいて、漢人のまねをしたりすれば、死ぬ。そういうことをすべてやめれば、なにごともない。このたび、漢人が死につくし、土地が広くなる。我々モンゴル人にとってのよいときがくる、といわれた。

今年の四月吉日、一日から南へむかって駒を駆ってうってでて、モンゴルの各旗内にはいって草原を開墾して土地を黄色くしてしまった漢人どもを殲滅させせよう……。

この教訓書のなかで、ボクド・ハーンははっきりと「モンゴルの各旗内にはいって草原を開墾して土地を黄色くしてしまった中国人どもを殲滅させせよう……」とよびかけている。中国人のような服装をしたりすることに対しても強烈な憎悪感をしめしている。

第八世ジェプツンダムバはチベットのラサに生まれ、一八七三年に三歳のときにモンゴルの首都ウルガにつれてこられた。彼はチベット人であっても、その考え方はモンゴルの貴族となんらかわらなかった。酒をのみ、タバコをすい、女を熱愛した。一九一一年末にモンゴルが独立を宣言した際、ジェプツンダムバは初代の国家元首に推戴された。宗教的な権威と政治的な権力の両方を一身にあつめたジェプツンダムバは法王であると同時に国王でもあった。彼は「共戴」という年号をつかいだした。これは人類史上最初の王、古代インドのマカサマディの年号でもある。人類最初の王の年号をもちいることで、独立したばかりのモンゴル国の新しいスタートを象徴づけようとした。

「彼はなるほど盲目で堕落した大酒飲みだっが、モンゴル人大衆にとっては同時に独立闘争のシンボルでもあった」、とハイシッヒは社会主義ソ連のプロパガンダに即して評価している。ソ連のロシア人たちはジェプツンダムバを「腐敗した封建社会の領主」に仕立て上げない限り、自らに正統性がないのを分かっていたからである。

そのようなジェプツンダムバはまたつぎのような教訓書をだしている。

……マンジュシャリ、無量寿仏、菩薩、大黒天、オキン・テンゲル（空行母）、銅嘴犬、錫嘴犬ら、これらはすべて漢人をつかまえて食べるためにおのずからできたものである。

聖ジェプツンダムバが命じた。漢人の靴をはいてはいけない。仏がだした禁忌をすみやかにまもれ。白い帽子をかぶってはいけない。四月三日と四日から中華民国と交渉するな。作物は豊作だ。麺粉に虫があり、袋を足で踏め。みんなに伝えよう。四月には雨がなく、五月は風調雨順だ。わがモンゴルはやがて豊作だ。特に酒の苦痛が大きい。未年と申年の七月には大きな災難がある。漢人とまともにつきあうな。我々モンゴルの女は髪の毛を二本に結うのがよい。

この教訓書は強い危機感をいだくボクド・ハーンのことばを書きとめた内容である。ここで「中華民国」があらわれている以上、未年と申年はおそらく一九一九年と一九二〇年をさすものであろう。とりわけ漢服の着用をやめるようよびかけている。最後はモンゴル人女性の髪型に注目しているのも興味深い。モンゴル人が独立のシンボルとして崇めていたボクド・ハーンの精神世界を知るうえで、この種の教訓書はきわめて重要な資料である。

奉天と北京の王座をねらう革命精神

たびたび教訓書をだしても、時勢の流れをくいとめることはできないようにボクド・ハーンの目にうつったかもしれない。ボクド・ハーンひとりの名前では不充分だと認識した彼はほかの高僧の威をかりることとしたのだろう。以下の教訓書には当時のモンゴル仏教界に君臨する数々の高僧たちの名前がならべられている。

第一に、これは聖ジェプツンダムバ教訓書である。

第二に、これはパンチェン・エルデニの教訓書である。

第三に、これはダライ・ラマの教訓書である。

第四に、これはシャライ・メルゲン・ディヤンの教訓書である。

第五に、これはノヤン・ホトクトの教訓書である。

第六に、これは八八の方士たるナルバンチンの教訓書である。

第七に、これはハムジン・チョイジ・ラマの教訓書である。

ザヤバンディダ・ロブサンペルリンの教訓書である。

このほか印璽つきあるいは印璽なしの八八の方士や活仏らの教訓書でもある。

この教訓書をハルハの四盟の盟長、将軍、ハン、王、貝勒《ベイレ》、貝子《ベイス》、公、札薩克《ジャサク》をはじめ、僧俗全員に告示する。ジェプツンダムバ、パンチェン・エルデニ、ダライ・ラマおよび十方菩薩から乞うた教訓書を聞け。これから僧人たちは朝早くおきて手や顔をあらい、爪の垢をきれいにしてから仏前に献香し、「白傘蓋仏母経《チャガン・シクールタイ》」を読誦せよ。……

「白傘蓋仏母」（写真52）とは、大元ウルスの守護神の一つである。フビライ・ハーンがチベット仏教の高僧サキャ派のパクパの意向で導入されたものである。白傘蓋仏母を祀る儀礼にはフビライ・ハーンと妃たちが参加し、朝廷の大礼であった。そのため、「白傘蓋仏母経」はずっと、モンゴル人社会でもっとも重要な経典の一つと位置づけられてきたし、ボクド・ハーンもそれを誦読せよ、と呼びかけている。ボクド・ハーンはさらにうそつきや酒とタバコを禁止し、家屋をきれいに清掃するよう、などまことにこまかな指示をだしている。教訓書はさらにつづく。

……ハルハの運勢が悪くなった経緯を正確にいうならば、それは咸豊五（一八五五）年、巳年陰暦二月一〇日からのことだった。旱魃と雪害、汚い感冒が横行し、それ以来六七年間たった。いまや酉年（一九二一）となり、春季から八月三日まで一つの危険がすぎた。一〇月一五日に三つの危険がすぎた。それ以降、ハルハの安定と九つの希望や希求はすべてかなうだろう。この一〇月一五日はいつ

写真52　描かれた白傘蓋仏母

かというと、陰暦一〇月一五日がそれにあたる。

では、この教訓書を誰がいつ乞うたかというと、ハルハの聖ジェプツンダムバ、パンチェン・エルデニ、シャライ・メルゲン・ディヤン、マルブチュート・ドクシン・ノヤン・ホトクト、ハムチ・チョイジン・ラマ、ザヤバンディダ・ロブサンペリンリ、八〇万方士たるナルバンチン・ホトクトらが八月三日の日に、ハン・チンギス・ポダラ山の頂上で、ハルハの苦難について会盟をおこなった。(他人に押し付けられた)誓言や約束事をうっかりしてうけいれて壊滅した、と我々にはみえた。そのために、この教訓書をだした。……

一九二一年は、ハルハ・モンゴルにとって意味深い年であった。シベリアの地で大ロシア帝国の復活を夢みる狂人、白軍をひきいるウンゲルン男爵はその兵鋒をモンゴル高原へむけた。ウンゲルンの軍勢には日本の退役軍人も含まれていた。一九二一年春に首都ウルガに乱入して新たな独裁者としてモンゴル人にのぞんだ。新来の発狂者がモンゴルをどこへみちびこうとしているのか、活仏たちが方々からあつまってきて、ウルガの上空で苦難にあえぐモンゴル人をみて教訓書をだした、という設定であろう。活仏たちはすくいの手をさしのべた。教訓書には酉年に「軍馬のほこりと鋭利な槍から」のがれるためには、以下の禁忌をまもらなければならないとある。それらは邪教の経典をおがまないこと、喧嘩をやめること、夕方に奇声をあげないこと、家畜の近くで屠刀をみせないこと、などである。興味深いことに、ボクド・ハーンはシャマニズムの偶像オンゴトについても言及している。もし、上記のようなタブーをやぶったら、家の守護神は離れ、オンゴトもかえって悪をもたらすだろう、という。

……貴族も庶民も平等にあつかわれ、父母兄弟は相思相愛になるように。おごりと失言はつつしむように。悪罵を口にすれば黒い龍の毒で春に体に傷ができて化膿するだろう。……ハルハの聖ジェプツンダムバがパンチェン・エルデニ、ダライ・ラマおよび十方の菩薩に乞うたこの教訓書を心に銘記せよ。

咸豊九（一八五九）年に石がみつかったその地において、危険と災害、死難となってゆき、千人にひとりしか生きのこらなかった。……

この教訓書は鉄馬年（一八一〇あるいは一八七〇）の辰時に告示されてひろまり、それ以来六六年　間がたった。咸豊九（一八五九）年に推戴され、はじめてハルハの主君の王座についた歴史がある。その王座は外海の近くに住む三二人の木偶と八頭のライオンを装飾したものである。その王座に誰がつくかというと、九つの転生をもつクーケン・ホトクトであるチメドルジが「私がつこう」といった。外海の内側の奉天《ムクデン》にも一つの王座がある。その上に誰がつくかというと、ハルハのアブタイ・ハンの息子たちの傍にいた大臣アムルバイスガランがつきたいといった。また、北京の関内にも一つの王座がある。こちらの上に誰がつくかというと、北ハルハの近侍をつとめる王のひとりがこのようにいった。「私が王座につこう。理藩院の将軍大人が三種の態度でのぞんできた。こんなときにきた。九姓満人が庶民の頭と舌を改造した。近侍の王である私が王座につこう」といった。ハルハの平和と幸せがわかったのか。……

「石がみつかったその地において、危険と災害、死難となってゆき、千人にひとりしか生きのこらなかった」、との一句は興味深い。特別な石がみつかったところで災難がおき、大衆は神託をうけて蜂起につながる、という表現は元朝末期の漢人蜂起の手法を思いださせる。ボクド・ハーンはここで明らかにモンゴル人に蜂起をよびかけている。満洲人の故郷奉天《ムクデン》の王座だけでなく、長城以南の北京にある皇帝の玉座をもハルハの王公たちはねらうべきだ、と南進を奨励している。それだけではない。彼はさらに細かな指示をだした。

モンゴル人は鞍橋をあわせるため南にむかって祝詞をのべるわけがある。今年の一〇月からは鞍橋を北へむけてやりなさい。軍全体の意思をかえるために、鞍と馬頭を北へむけさせよう。ジャサクト・ハン盟の軍をもってホブドの地にある関所や要塞をおさえる必要がある。サイン・ノヤン・ハン盟の軍をもってウリヤスタイなど内部衙門の要所をおさえよう。トゥシェト・ハン盟の軍をもってエルデニ・シャン・ソバをおさえよう。セチェン・ハーン盟の軍をもって北京城の関所を占領する必要がある。そのため、わが軍人たちは「軍馬のほこりと鋭利な槍」をおそれてはいけない。

……

ここで、ボクド・ハーンはもはやモンゴル軍の最高司令官として作戦を指揮している。鞍橋をならべてあわせることは、騎馬兵が整列することを指す。出陣にあたって軍旗を祀り、犠牲をささげ、戦勝を祈願した祝詞を述べる。西モンゴルにある要塞のホブドをとり、中央のウリヤスタイを占領したあとは北京へ進軍しろ、と兵士たちを鼓舞している。実際、ボクド・ハーンの政権は五個軍団を派遣し、五つのルートで南

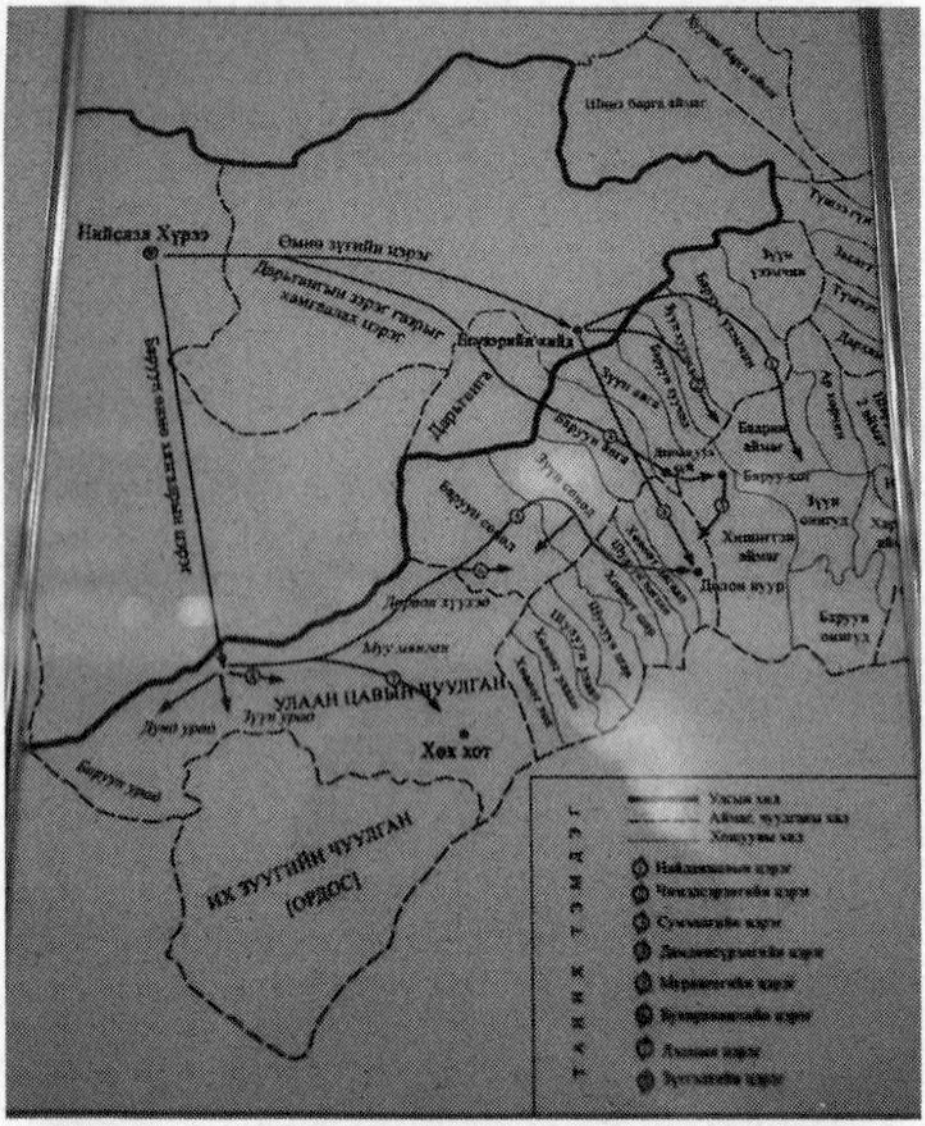

写真53　モンゴル国軍事博物館内に描かれている同胞を解放するために派遣した五路の軍隊の南下ルート。2024年夏撮影

モンゴルの同胞たちを中国人の過酷な支配から解放しようとの民族統一の戦争を発動していた（写真53）。

……一〇月一五日には、酉時と戌時に誠心誠意をもっておがみなさい。酒とタバコ、呪術や嫉妬など雑念を絶ちなさい。この一〇月一五日にポダラ山頂にある黄色い蓮華寺に、シャライゴルの三人のハンも全員あつまる。赤褐色の襟に赤いふさつきの槍をもち、青の鎧をつけた五万五千人の軍で包囲させる。……イリ、タルバガタイ、ウルムチ、バルキョル、キャフタ、オルドス六旗にいたるまで、一日に二六の旗を法にしたがわせよう……

オルドスを六旗とするいいかたには、こだわりを感じる。すでに一七三六年にオルドスは六旗から七旗になっている。六旗という表現にこだわったのも、清朝の政策を認めようとしない姿勢の一つであるかもしれない。この教訓書にはたくさんの地名が出てくる。イリ、タルバガタイ、ウルムチ、バルキョルは東トルキスタンすなわちいまの新疆ウイグル自治区にある地名で、いずれもモンゴル人の居住地だ。活仏は、モンゴル高原、南モンゴル、それに新疆をふくめた全モンゴル人の国家を創りたかったようである。

一九四五年八月一〇日、モンゴル人民共和国軍が南下して同胞を解放しようとした際、チョイバルサン元帥は活仏と同じ演説を披露したのである。

社会主義の到来を明察していた活仏

べつの教訓書のなかで、活仏は「貧富の差はなくなる」と予告している。もしかして、きたるべき社会主義革命の嵐を彼は感じていたかもしれない。鋭い時代感覚をもつ彼は菩薩と天命の威をかりている。

……ある日、普陀山《ふださん》の上からこの世をみた菩薩は悲しくなった。衆生は罪の大海原にあえいでいる。菩薩は天にのぼり、この世の人びとの罪を軽減するよう嘆願した。

天は怒りて命じた。この世の人びとは父母に恩愛がなく、両親を苦しめ、天地をののしり、殺生を戒めず、大小の分別もなく、孤児をいじめ、正直な人を圧迫し悪人を尊重し、米飯をすてて浪費し、悪事をはたらき善良を忘れる、など「九大の罪」をおかした、という。

そういうわけで、我々モンゴル人は信仰をまもろう。悪を絶てば苦難から脱出できよう。五渾のときになったため、九割の人間が死に、九人の女がひとりの男にしたがうだろう。甲子年から苦難と災害はいっそうひどくなり、庚午年にやっとおちつくだろう。屍体が野にみち、血が流れて河となろう。道があっても行く人なし。家屋があっても住む人なし。衣服があっても着る者なし。金もちはおごるべからず、貧乏人も悲しむことなかれ。貧富の差はなくなる。たった一つの信念を堅くまもれ。

もしこの教訓書の命令を信じなかったら、口から血をだして死ぬにちがいない。この教訓書を九部書きうつしてひろげれば、一身の罪がなくなる。一〇部ひろげれば、一家の罪がなくなる。百部ひろげれば、一盟アイマクの罪がなくなる。もしこの教訓書を家にかくしてどこにもまわさなかったら、口から血をだして死ぬにちがいない。

「金もちはおごるべからず、貧乏人も悲しむことなかれ。貧富の差はなくなる」という表現はやはりめだつ文言であろう。活仏として、貧富の差をとわずに信者たちへの博愛をしめしているのか、それとも社会主義化の趨勢に敏感に反応したかは、不明である。

この教訓書の奥付《コロフォン》も注目にあたいする。それは、教訓書を書写してひろげる際に、チンギス・ハーンの祭殿である八白宮の祭祀者《ダルハト》たちも一役をかってでていることである。チンギス・ハーンの祭祀をつかさどる八白宮の祭祀者《ダルハト》たちはかつて一九五〇年代以前、チンギス・ハーンの肖像画や軍神スゥルドの分身をたずさえて、オルドス地域から出発してモンゴル各地を巡行していた。祭祀者《ダルハト》の名前は内モンゴルのウラト後旗の役人らの名前とともに、教訓書の奥付《コロフォン》にならんでいる。おそらく、モンゴル高原のハルハ各地を巡行していたダルハトたちがこの種の教訓書をどこかで入手して内モンゴルにもちかえったのであろう。そしてダルハトたちはそれをモンゴル人役人にもみせた。教訓書の思想に賛同した人びとはさらにそれを書写してひろげるという役割も忘れていなかった。

活仏は古代突厥の伝統をうけつぐ

六世紀から九世紀にかけて、モンゴル高原は突厥《テュルク》と称された遊牧民たちの故郷だった。突厥《テュルク》の英明な君主のひとり、キョルテギンビリク・ハーン兄弟はみずからの警世のことばを石碑にきざんでおいた。七三二年に建てられたこの石碑はいまもモンゴル

写真54　モンゴル高原の中央部、オルホン河の東、ホショー・チャイダムに立つキョルテギン碑。右上にヤギの印璽が刻まれている。1993年秋撮影

高原のホショー・チャイダムにたつ（写真54）。石碑にのこることばは遊牧の民である突厥《テュルク》の人びとへの警鐘であった（護雅夫『古代遊牧帝国』）。

シナの民の言甘く、その絹布柔らかき。甘き言もて、柔らかき絹布もて欺きて、遠き民を近づけてありき、彼ら。……甘きその言に、柔らかきその絹布に欺かれて、多き突厥《テュルク》の民、死せり、汝！

絹をもってくる狡猾なシナ人の甘言を信じれば内紛になる。シナ人のような物資を重視する生活を送れば突厥は突厥ではなくなる。おそろしい同化力をもつ中華にのみこまれないようにするための警告である。

活仏ジェプツンダムバもそれを深く認識していた。ある教訓書のなかで彼はするどく指摘している。

見知らぬ中国人がこびるような顔をして、よい品物をたずさえ商人に扮してモンゴルに来て我々に呪いをかける。それを退治する方法は、菱型の紙に金剛手《オチルヴァニ》の呪文を書いて、それぞれが憎む方向にむかって踏むことだ。

商売上手な中国人商人たちは、とっくに疲弊しきったモンゴル高原の対外経済を牛耳り、資源を延々と南の中国本土へ吸いあげていた。中国文化のなかの贅沢な一面をモンゴルの貴族たちは積極的にとりいれ、その欲望をみたすために彼らは中国人高利貸しに負債していった。そして、北京に住みついて故郷を忘れていった。モンゴルの庶民たちがどんな生活をしようと、自分たちとは無関係なような顔さえした。このような「中国化」あるいは「中国人化」に活仏は未曾有の危機感をいだいていたにちがいない。たとえ彼自身がその宮殿のなかから外の草原にでていなくても、外部からせまりくる危険性にはおどろくほど冷静な目をむけていたようである。ヨーロッパの旅行家たちや社会主義者が悪意で歪曲するほど、ボクド・ハーンは腐敗していなかったのである。彼は終始、頭脳明晰で、冷徹にモンゴル社会の変遷を見つめ続けた。

ボクド・ハーンの入寂後、社会主義者たちはつぎの転生を見つけようとしなかった。そして、社会主義制度が幕を降ろした一九九一年以降、第九世が発見されたものの、祖国の仏教界にもどることはなかった。二〇二四年夏の八月、一〇歳《さい》の第十世ジェプツンダムバ・ホトクトがウランバートルで法座についた。まだ少年であるこの活仏はダライ・ラマ法王の認可を経て、全チベット仏教界でも重要な存在となりつつある。

現代へむけて

一九四五年秋でとぎれた系譜

オーノス・コレクションに「欽定《きんてい》外藩《がいはん》蒙古《もうこ》回部《かいぶ》王公《おうこう》表伝《ひょうでん》」（略称『表伝』）の一部、オルドス左翼末旗すなわちダルト旗の部分が一冊の手写本にはいっている。もともと『表伝』は清朝の乾隆皇帝の勅命をうけて編纂されたモンゴルや回部《イスラーム》などの王公たちの系譜書である。『表伝』はその後何回も勅撰で続編がだされており、清朝時代のモンゴルを研究するうえで、欠かせない資料である。このような『表伝』は当然、清朝の崩壊とともに編纂作業も中断となる。

ところが、オーノス・コレクション内にある『表伝』の手写本には清朝崩壊後の歴史も書きこまれている。清朝時代がすぎさり、中華民国になっても、ダルト旗の貴族たちは「欽定外藩蒙古回部王公表傳」の権威を認めつづけたということであろう。「欽定外藩蒙古回部王公表傳」はダルト旗最後の札薩克ジャサク、カンダドルジについてつぎのように記している。

> ……民国一二年にその父スゥムベルバトが亡くなった。その後、長子カンダドルジが札薩克多羅貝勒（ジャサク・トゥル・ベイレ）爵を継承した。これは第一四回目の王位継承であり、カンダドルジはスゥムベルバトの長子である。同じ民国一三年に貝勒《ベイレ》をうけついだ。民国二三年に「蒙古地方自治政務委員会」の委員に選出された。民国二四年に赤党の匪賊が盟旗を攪乱させていたため、保安軍の総指揮の職に命じられた。民国三四年、日本軍が南モンゴルを占領したときに追随しなかったことにより、盟の盟務邦弁に昇進した。

共産党を「赤党の匪賊」とよんでいることからみれば、一九五〇年に中国人民解放軍がオルドス地域を完全に掌握する以前の表現と思われる。また、日本軍に追随しなかった経歴についても云々していることから、書写の時期を一九四五年八月以降と断定できよう。

中華民国は内モンゴルの盟旗におけるチンギス・ハーンの直系子孫たちによる支配を認めていた。一九五〇年に中華人民共和国の登場により、モンゴル社会における「黄金家族」の特権はなに一つのこらずにうちやぶられた。一二〇六年にチンギス・ハーンがモンゴルの大ハーンに即位して以来、はじめての転落であろう。それまでは、

写真55　1945年8月中旬に万里の長城の麓に到達したモンゴル人民共和国軍。前列右から2人目ガチョイバルサン元帥で、彼とその部下たちは全モンゴル民族の統一を掲げて戦っていた。*Monggholchuud*（1924-1959）より

たとえそれが形骸化したときがあっても、いかなる権力も「黄金家族」の神聖な権威をおかさずに温存してきた。中国共産党は七〇〇年間もつづいた伝統を革命の対象にしたのである。

対句の精神——新しい歴史の幕開き

やがて、新しい歴史がはじまった。

第二次世界大戦の終結にむかって、モンゴル人民共和国の軍隊はソ連軍とともに満洲と南モンゴルに進駐した（写真55）。モンゴル人はこれでやっと全民族の統一が実現され、一つの国になれる、と誰もが信じ、あるいは期待していた。しかし、ことはそういう風にははこばれなかった。モンゴル人は、体制は同じでも国家は異なるという現実に満足しなければならなかった。ソ連と英国、それに米国がかってに交わした「ヤルタ協定」の密約により、戦勝国モンゴルの国土の半分が宿敵の中国に割譲されたのである。当事者のいない密約は国際法上でも無効である。

人民公社が成立した一九五八年をふしめに、中国統治下のオルドス地域北西部で移動遊牧をしていた最後の集団も定住を命じられた。中国人の入殖者に占領された南部地域においては、すでに二〇世紀初頭から半定住半遊牧の生活にはいっていた。

定住し、固定家屋にすむオルドス・モンゴル人は、旧正月のときにモンゴル語の対《つい》聯《れん》（対子《とういす》）を入り口の両側や駒つなぎにはりつけるようになった。どんな対聯をはるかは、それぞれの家庭にとって一大行事となっている。対聯の表現と内容は家の主人の教養をはかる尺度の一つとされている。一九九五年春、オルドス地域で調査していた私は、つぎのような対聯をみたことがある。

国家がそれぞれに我々を分割しても天は同じ
言葉がおのおのに変化しても私たちの祖先は一つ

ロシア連邦、モンゴル国それに中華人民共和国によって分断されている民族の現状をうたった内容である。複数の国家に分断されても、モンゴルが崇拝する「永久なる蒼天」は変わらない。モンゴル人の一部が母語を忘れてロシア語や漢語を話すようになっても、同じ祖先をいただく心は不変である、という意味伸長な句である。対聯に注目しているのに気づいた主人は、対聯をはっているほかの場所にも私をひととおり案内した。

オーノス・コレクションのなかに「対子《とういす》という偶句の書」がある。これにはさまざまな偶句が収録されている。

　創造と智慧によりたくみに生成された天と地のことわり
　原初の祈願にもとづき決定された貴族と庶民のさだめ

　この対句は、貴族と庶民によって構成されるモンゴルの社会制度の基本原理を論じている。チンギス・ハーンとその子孫は「黄金家族《アルタン・ウルク》」と称し、ほかはすべて「黒い民」の庶民階級に属する。この堅いおきてをやぶろうとする者はいない。チンギス・ハーンが定めた御命《ヤサ》であるからだ。

　貴族だろうが、庶民だろうが、このような語句を入り口にはりつける人はまずいない。チンギス・ハーンが直接に口にしたことばではなくても、普遍の原理として機能してきたことばである。それを手写本の書き手がみずからの冊子にくわえたにすぎない。

　韻文偶句はモンゴルの口承文芸の一部をなしている。『モンゴル秘史』や『黄金史《アルタン・トプチ》』、『蒙古源流《エルデニン・トプチ》』などにもたくさん収録されている。日常生活のなかでも、老若男女をとわず、韻をあわせた詩句を会話につかうことに抵抗を感じない。詩文や偶句がともなった会話に違和感をおぼえるどころか、それらは教養や知性としてよろこばれる。対聯の習慣を中国文化からの影響とみるのは軽率だといわざるをえない。入り口にはりつける行為は中国文化の輸入であっても、その内容すなわち偶句そのものはモンゴルの口承文芸の命脈からひきつがれたものである。古代から延々とつづく韻文偶句は口頭でのみならず、入り口にもはりつけて他人にみせるようになったにすぎない、ということである。

とはいっても、オルドス・モンゴル人は決してかたくなに異文化を拒否する集団ではない。むしろ、すすんで異文化のなかのかがやくものをとりいれてきた。モンゴルの韻文偶句の伝統は漢詩の韻律規則と一致する要素もあった。オーノス・コレクション内の「対子という偶句の書」には、漢語になおしたらつぎのように表現できるような句もある。

天地之間書伝為貴
庁堂之内礼樂為尊
静座涼亭感雨馨

閑臥床前夢梧桐

以上は私の漢訳であるが、漢詩のモンゴル語訳であることはまちがいない。書籍を大切にし、文筆をこのむオルドス・モンゴル人は漢詩のなかの「書伝を貴い、礼樂を尊ぶ」表現が気にいったのであろう。そして「雨馨を感じ、梧桐を夢みる」中国人文人にも共感するところがあったらしい。

エピローグ

中国は一九八〇年代から改革・開放政策を実施しはじめた。モンゴル人民共和国では一九九〇年代から民主化運動がひろがり、無血の革命にともなって社会主義制度から自由主義への移行が認められた。

モンゴル人居住地域での社会的な変化のもと、内モンゴル自治区やモンゴル国に足をはこぶ日本人はおおはばにふえた。人びとはみききしたことを記録し、世に伝えようとした。一般の観光客の旅行記もあれば、文化人類学者のエッセイもある。歴史学者と考古学者は従来の史料にくぎりをつけ、新しい碑文の発見を夢みて旅をしている。あるいは、歴史上の出来事の現場を一目みようと、積極的に歩きまわる研究者もあらわれるようになった。

モンゴルに関する書物が大量に出版されている現在、日本人のモンゴルについての知識はかくじつに蓄積されている。白い天幕ゲルや緑の草原だけでなく、もっとべつの側面をも知りたいという人もでてきた。ＮＰＯやＮＧＯのような広範囲にわたる社会活動のひろがりにより、モンゴル人の喜怒哀楽の世界、生き方の世界をものぞいてみたい願望も大勢のなかでうずまいている。本書は、そのような願望をもつ読者にこたえようとした目的もかねている。

白い天幕や緑の草原ばかりでモンゴルを表現する現象をオリエンタリズム的だ、と批判的な見解をしめす人もいる。オリエンタリズムの特徴の一つは、強者が弱者に対し、かってにある種のイメージをつくりあげ、そのイメージがひとり歩きすることである。

私は、白い天幕や緑の草原でモンゴルを表現する現象をいちがいにオリエンタリズムだとは思わない。異文化理解のファースト・ステップだと理解している。農耕・都市社会で生まれそだった日本人がまず白い天幕と緑の方に目がいくのは当然のことだ。衣食住の問題をクリアしてはじめて、歴史や哲学の世界にはいる。各地の市民大学や文化講座でモンゴルの衣食住についてとおりいっぺんの説明をしただけでは、もはや知的な市民を満足させることができなくなっている。白い天幕のなかではどんな会話がかわされているのか。なぜ、モンゴル人の緑の草原が中国人に破壊されて、かの地の黄沙が日本にまでとんでくるようになっているのか。研究者はそれらの疑問にこたえる義務がある。

本書はいわゆる研究者だけを対象としたものではない。日本におけるモンゴル研究の流れの変化についても、意識せざるをえない。那珂通世が明治時代に『モンゴル秘史』を訳して『成吉思汗実録』として公開したのは、東洋史が主な対象としていた中華世界を相対化しようという意図もあった。その後、モンゴル史研究は日本におけるモンゴル研究の主流でありつづけた。それも主として漢文文献の検討を基本とする「東洋学」の一環として発達してきた。日本の「東洋学者」たちは西洋の研究者とことなり、どことなくモンゴル語の手写本などの文献を軽視する傾向があるようにみえる。

文献学者とはべつに、今西錦司や梅棹忠夫らは参与的調査を内モンゴル地域で積極的にすすめてきた。遊牧という生活の実態解明から、遊牧の起源にせまるいきおいをみせた。梅棹忠夫の内モンゴルでの研究経験は、その後『文明の生態史観』（一九六七、中央公論社）に代表される「梅棹文明論」の登場と爛熟に大きな影響をあたえている。

「東洋学」の一環として発達してきたモンゴル史研究と梅棹忠夫らの文明論的遊牧研究の成果は世界的に評価されている。モンゴルを対象とするヨーロッパの文献学者たちはかつて、日本の「東洋史学者」の論文をていねいに読まなければならなかった。現在は日本が満洲や内モンゴルで調査し発行した報告書類についても、再検討しようといううごきがある。調査報告書もすでに文献となっているからである。

日本は歴史的に内モンゴル東部地域で現地経験があるものの、手写本や木版本に関心をもたなかったらしい。なにしろ、現場にでかけていったのは漢文資料の読解訓練をうけた東洋史学者か、自然科学者たちだったから、彼らにドイツやロシアの探検隊のような文献収集を期待するのが、そもそも酷であろう。

近年、日本のモンゴル史研究者たちはモンゴル語は勿論、アラビア語やペルシア語など、かつてモンゴル帝国の支配がおよんだ地域の言語すべてを射程にいれた研究活動をはじめている。自然科学者たちのなかには牧草地の開発や農耕との関連を巨視的に位置づけようとする者もふえている。両者の最新の研究成果を一生懸命に吸収しようとするＮＰＯやＮＧＯもあれば、あいかわらず情熱だけで活動するグループもある。

さて、「東洋学」の一環としての性格がつよいモンゴル史研究と、梅棹忠夫らの文明論的遊牧研究とはべつの研究分野の開拓がいまや課題となってきている。それは、遊牧民自身、モンゴル人自身が書いた、あらゆる文字資料に対する総合研究である。日本においても、モンゴル語文献はないわけではない。たとえば、考古学者の江上波夫らによって内モンゴルのオロン・スメから将来された一六、一七世紀のモンゴル語仏教経典などである。オロン・スメはモンゴル帝国時代にさかえた、キリスト教を信奉するオングート部の都である。帝国が崩壊したのち、その都にはチベット仏教の寺院が建った。チベット仏教が導入された直後の状況を知るうえで、重要な資料である。オロン・スムの手写本だけでなく、財団法人・東洋文庫には世界にほこる北京版モンゴル語木版本が多数ねむっている、モンゴルの遊牧システムに関する文明論的な視野にたって、フィールド・ワークとモンゴル史研究の成果を吸収しながら研究をつづければ、「日本独自のモンゴル文献学」の構築はかならず実現できるものだと確信している。

*

私の研究は、すべて草原の人びとからの知識にもとづいている。私にあたえられた課題は、名もなきモンゴル人たちの生き方を世界に発信することである。したがって、本書は、多大な辛酸と苦難のなかを力強く生きてきた内モンゴルの人びとにささげなければならない。

本書は私自身が英語や日本語で公開した以下の作品を新たに大幅に書きなおしたものである。モンゴル語テキストの原典もすべて写真版で収録されている。

一、「写本資料が語るモンゴルの社会と文化」『オルドス・モンゴル族オーノス氏の写本コレクション』、国利民族学博物館・地域研究企画交流センター、二〇〇二年。

二、Introduction, *Manuscripts from Private Collections in Ordus,* Mongolia (1). Cologne, Germany, 2000.

三、Introduction, *Manuscripts from Private Collections in Ordus,* Mongolia (2). Cologne, Germany, 2001.

四、「序」『ランタブ—チベット・モンゴル医学古典名著』、大学教育出版、二〇〇二年。

五、Introduction, *Subud Erike — A Mongolian Chronicle of 1835*, Cologne, Germany, 2003.

最後に、私事で恐縮であるが、不惑の年に達しながらも草原の親元にいない私を理解してくれる老齢の両親と、いつも研究と称して家をあける私を支えてくれる家族にも、感謝することをお許しいただきたい。

二〇〇四年春　駿河湾のほとりにて

楊　海英

◇参考文献

欧文・モンゴル語文献

1956 *Arban Jüg-ün Ejen Geser Qaγan-u Tuγuji Orusiba*. Öbür Mongγol-un Arad-un Keblel-ün Qoriy-a.

Aalto, P.

1953 A Catalogue of the Hedin Collection of Mongolian Literature. *The Sino-Swedish Expedition* (38).

Baabar

1999 *From World Power to Soviet Satellite, History of Mongolia*, University of Cambridge, Ulaanbaatar, Nepko.

Bawden, Charles, R.

1961 *The Jebtsundamba Khutukhtus of Urga, Text, Translation and Notes*, Otto Harrassowits, Wiesbaden.

Bira, Sh.

1978 *Mongolskaja Istoriografija*(XIII- XVII). Moskwa.

Bükečilaγu and Tuyaγ-a

1989 *Lüng Fü Se Keyed-ün Geser-ün Tuγuji*. Öbür Mongγol-un Arad-un Keblel-ün Qoriy-a.

Byambaa Ragchaa

2004 *The Bibliographical Guide of Mongolian Writers in the Tibetan Language and the Mongolian Translators*. Ulaanbaatar.

Chiodo, E.

2000 *The Mongolian Manuscripts or Birch Bark from Xarbuxyn Balgas in the Collection of the Mongolian Academy of Sciens*. Wiesbaden: Harrassowitz Verlag.

2003/04 Besprechungen: Yang Haiying(Hrsg.): Manuscripts from Private Collections in Ordus, Mongolia (1). Köln: International Society for the Study of the Culture and Economy of the Ordos Mongols 2000. 402 S. (Mongolian Culture Studies I). *Ural- Altaische Jahrbücher* 18.

Cerensodnom, D and Taube

1993 *Die Mongolica der Berliner Turfansammlung*. Akademie Verlag.

Čeringsodnam

2001 *Mongγol-un Burqan-u Šasin-u Uran Jokiyal*. Öbür Mongγol-un Arad-un Keblel-ün Qoriy-a.

Čimeddorji and Bayiγal

2000 *Mongγol Geser (nigedüger debter) Ordus Bar*. Öbür Mongγol-un Arad-un Keblel-ün Qoriy-a.

Čoyiji

1998 *Mongγol Burqan-u Šasin-u Teüke-Yeke Mongγol Ulus-un Üy-e*. Öbür Mongγol-un Arad-un Keblel-ün Qoriy-a.

2003 *Mongγol Burqan-u Šasin-u Teüke-Yüven Ulus-un Üy-e*. Öbür Mongγol-un Arad-un Keblel-ün Qoriy-a.

2006 1431 on-u Nigen Iji Oyiγurjin Bičig-ün Modun Bar-un Sudur. *Dumdadu Ulus-un Mongγol Sudulul* 5.

Damdinsüreng

1959 *Mongγol Uran Jokiyal-un Degeji Jaγun Bilig Orusibai*. Ulaanbaatar.

Farquhar, D.

1955 A Description of the Mongolian Manuscripts and Xylographs in Washington, D. C. *Central Asiatic Journal*.

Γarudi

2002 Türfan-ača Oldaγsan 〈Sayin Yabudal-un Irügel-ün Qaγan〉 -u Γurban Tamturai-yin Tuqai Jarim Asaγudal. *Öbür Mongγol-un Neyigem-ün Sinjilekü Uqaγan* 1.

2003 Dünquvang-un Aγui-daki Mongγol Bičig Durasqal-un Yerüngkei Bayidal. *Öbür Mongγol-un Baγsi-yin Yeke Surγaγuli-yin Erdem Sinjilegen-ü Sedegül* 3.

Γongγur, D.

1990 *Qalq-a-yin Tobčiyan(degedü)*. Öbür Mongγol-un Surγan Kümüjil-ün Keblel-ün Qoriy-a.

Haenisch, E.

1954 *Mongolica der Berliner Turfan-Sammlung*. Berlin: Akademie - Verlag.

1959 *Mongolica der Berliner Turfan-Sammlung*. Berlin: Akademie - Verlag.

Heissig, W.

1954 *Die Pekinger Lamaistischen Blockdrucke in Mongolischer Sprache*. Wiesbaden: Otto Harrassowitz.

1957/58 The Mongol Manuscripts and Xylographs of the Belgian Scheut-Mission. *Central Asiatic Journal*, vol III.

1959 *Die Familien-und Kirchengeschichtsschreibung der Mongolen*, I, Wiebaden.

1961 *Verzeichnis der Orientalischen Handschriften in Deutschland (Mongolishe Handschriften Blockdrucke・Landkarten)*. Wiesbaden: Franz Steiner Verlag Gmbh.

1962 *Beiträge zur Übersetzungsgeschichte des Mongolischen Buddhistischen Kanons*. Göttingen: Vandenhoeck & Ruprecht.

1966 *Die Mongolische Steininschrift und Manuskriptfragmente aus Olon Süme in der Inneren Mongolei*. Göttingen: Vandenhoeck & Ruprecht.

1971 Das "Scheuter"Geser-Khan-Manuskript. *Zentralasiatische Studien* 5.

1976a Zwei Mutmasslich Mongolische Yüan-Übersetzungen und ihr Nachdruck von 1431. *Zentralasiatische Studien* 10.

1976b *Die Mongolischen Handschriften-Reste aus Olon Süm-e Innere Mongolei(16.-17. Jhdt.)*. Wiesbaden: Otto Harrassowitz.

1978 *Verzeichnis der Orientalischen Handschriften in Deutschland (Mongolische Ortsnamen,Tell II)*. Wiesbaden: Franz Steiner Verlag Gmbh.

2000 *Religion of Mongolia*(Translated by Samuel Geoffrey),Kegan Paul International, London and New York.

Heissig, Walther, assisted by Bawden, Charles,

1971 *Catalogue of Mongol Books, Manuscripts and Xylographs, The Royal Library*, Copenhagen.

Inoüe Osamu

2001 Arjai Aγui-yin Oyiγurjin Mongγol Bičigesü-yin Sudulul kekü Nom-un Tuqai. *Mongγol Kele Udq-a*

Jokiyal 2.

Jagchid, Sechin

1987 Inner Mongolia under Japanese Occupation. *Zentralasiatische Studien* 20:pp.140-172.

Kara, G.

1970 Une Version Ancienne du Récit sur Geser Changé en Âne. *Mongolian Studies* XIV: pp.213-246.

2003 Mediaeval Mongol Documents from Khara Khoto and East Turkestan in the ST. Petersburg Branch of the Institute of the Oriental Studies. *Manuscripta Orientalia* 9(2):pp.3-40.

2005 *Books of the Mongolian Nomads, More than Eight Centuries of Writing Mongolian*. Indiana University.

Karmay, H.

1975 *Early Sino- Tibetan Art*. Aris and Phillips Ltd · Warminster, Englad.

Keller Shoshana

2020 *Russia and Central Asia*, University of Toronto Press.

Larry Moses

1976 *Mongol Buddhism in the 20th Century*, Indiana University Asian Studies Research Institute Publications.

Ligeti, L.

1942 *Katalogue du Kanjur Mongol Imprimé*. Budapest.

Loden Sherap Dagyab

1977 *Tibetan Religious Art(part I)*. Wiesbaden: Otto Harrassowitz.

Miller, Robert James

1959 *Monasteries and Culture Change in Inner Mongolia*. Otto Harrassowitz, Wiesbaden.

Mostaert, A.

1934 *Ordosica*. Bulletin No. 9 of the Catholic University of Peking.

1956 Carte Mongole des Sept Bannières des Ordos.In *Erdeni-yin Tobči* (Mongolian Chronicle by Saγang Sečen, Part I), pp.81-124. Cambridge Mass: Harvard University.

1957 Sur Le Culte de Saγang Sečen et de son Bisaieul Qutuγtai Sečen Chez les Ordos. *Harvard Journal of Asiatic Studies*, 20, pp.534-566.

Načuγdorji

1997 *Qalq-a-yin Teüke*. Öbür Mongγol-un Surγan Kümüjil-ün Keblel-ün Qoriy-a.

Narasun, S and Vangčuγ

1998 *Činggis Qaγan-u Naiman Čaγan* Ordu. Öbür Mongγol-un Soyul-un Keblel-ün Qoriy-a.

Narasun, S and Temürbaγatur

2000 *Ordus-un Süm-e Keyid*. Öbür Mongγol-un Soyul-un Keblel-ün Qoriy-a.

Narasun, S.

2005 *Ordus Mongγol Tayilγ-a Takilγ-a*. Öbür Mongγol-un Soyul-un Keblel-ün Qoriy-a.

Oγonos Čoγtu(Yang Haiying)

2001 *Γadaγadu Neyitelegdegsen Ordos Mongγol-un Teüken Materiyal*. Öbür Mongγol-un Ard-un Keblel-ün Qoriy-a.

Poppe, N.

1954 A Fragment of the Bodhicaryāvatāra from Olon Süme. *Harvard Journal of Asiatic studieys* Vol. 17: pp.411-418.

Poppe, N. and Hurvitz, L, Okada Hidehiro

1964 *Catalogue of the Manchu- Mongol Section of the Toyo Bunko*. The Toyo Bunko & The University of Washington Press.

Pozdneyev, A.M.

1978 *Religion and Ritual in Society: Lamaist Buddhism in Late 19th- Century Mongolia*.Edited by John R. Krueger, Translated from the Russian by Alo Raun and Linda Raun, The Mongolian Society, Inc. Bloomington, Indiana.

Sandag Shagdariin, Harry H. Kendall with Foreword by Frederic E. Wakeman, Jr,

2000 *Poisoned Arrows, The Stalin- Choibalsan Mongolian Massacres, 1921-1941*, Westview Press.

Sazykin, A.

1988 *Katalog Mongolskix Rukopisej i Ksilografov Instituta Vostokovedenija Akademii Nauk SSSR*, I,Moskva.

Sárközi, Alice.

1972 *Toyin Guiši's Mongol Vajracchedikā. Acta Orientalia Academiae Scientiarum Hungaricae XXVII*(1): pp.43-102.

1992 *Political Prophecies in Mongolia in the 17-20th Centuries*, Otto Harrassowits, Wiesbaden.

Serruys, H.

1963 Early Lamaism in Mongolia. *Oriens Extremus* 10: pp.181-216.

Taveirne, P.

2004 *Han-Mongol Encounters and Missionary Endeavors, A History of Scheut in Ordos (Hetao) 1874-1911*. Leuven University Press.

Uspensky, V.

1997 *Prince Yunli (1697-1738), Manchu Statesman and Tibetan Buddhist*. Tokyo: Institute for Study of Languages and Cultures of Asia and Africa. Tokyo: Institute for Study of Languages and Cultures of Asia and Africa.

2006 *"Explanation of the Knowable" by Phags-pa bla-ma Blo-gros rgyal – mtshan* (1235-1280), Facsimile of the Mongolian Translation with Transliteration and Notes.

Van Hecken Joseph

1963 Les Lamaseries D'Otoɣ(Ordos), *Monumenta Serica*, XXII,1, pp.121-167.

Van Oost, Joseph, P.

1932 *Au Pays des Ortos(Mongolie)*, Paris: Editions Dillen.

Yang Haiying

2000 *Manuscripts from Private Collections in Ordus, Mongolia* (1). Germany: International Society for the Study of the Culture and Economy of the Ordos Mongols (OMS e. V.).

Yang Haiying and Uradyn E. Bulag
2003 *Janggiy-a Qutughtu, A Mongolian Missionary for Chinese National Identification*. Mongolian Culture Studies V, International Society for the Study of the Culture and Economy of the Ordos Mongols (OMS e. V.), Köln, Germany.
Ordus Kümün-ü Teüken Tulγur Bičig-ün Emkidgel (4)
1984 Öbür Mongγol-un Yeke Juu Ayimaγ-un Dangsan Ebkimel-ün Sang.

日本語文献

井上治
『ホトクタイ＝セチェン＝ホンタイジの研究』風間書房　二〇〇二
石濱裕美子
『チベット佛教世界の歴史的研究』東方書店　二〇〇一
『チベットを知るための50章』明石書店　二〇〇四
「雍正期の皇室外交の二面性―果親王のチベット奉使旅行」『内陸アジア史研究』20　二〇〇五
江上波夫
『オロン・スメ遺跡調査日記』山川出版社　二〇〇五
大野旭（楊海英）
『アルジャイ石窟1号窟出土モンゴル語古文書に関する歴史人類学的研究』（平成15～16年度科学研究費補助金　基盤C報告書　課題番号：15520514）　二〇〇五

キオド・ザガスタ[-]、井上治訳
「ハルボヒン・バルガス出土のモンゴル語・チベット語白樺樹皮写本―序論」『日本モンゴル学会紀要』27　一九九六
窪田新一
「『モンゴル佛教史』著作の寺院を訪ねて」『日本とモンゴル』第51・2　二〇一七
佐藤直実
「アルジャイ石窟出土チベット語文書について」楊海英編『シルクロード草原の道におけるアルジャイ石窟の歴史と文化―国際シンポジウム　2007年3月27日』（記録集）　静岡大学人文学部　二〇〇七
ジグメ・ナムカ
『蒙古喇嘛教史』（外務省調査部訳）生活社　一九四〇
白石典之
『チンギス＝カンの考古学』同成社　二〇〇一
杉山正明
「はるかなる大モンゴル帝国」杉山正明　北川誠一著『世界の歴史―大モンゴルの時代』中央公論社　一九九七
『モンゴル帝国と大元ウルス』京都大学出版会　二〇〇四
田中克彦
「ゲセル物語のモンゴル語書写版諸版の相互関係について」『一橋論叢』50　一九六三

田中公明
「ターラー菩薩」『チベット文化研究会報』10・1　一九八六
『タンカの世界―チベット佛教美術入門』山川出版社　二〇〇三
諾布旺典
『唐卡中的藏醫養生』陝西師範大学出版社　二〇〇七
長尾雅人
『蒙古喇嘛廟記』高桐書院　一九四七
『蒙古学問寺』中公文庫　一九九二
中見立夫
「サンクト・ペテルブルグのモンゴル語典籍・史料―その収集の歴史と現状」『東方学』99
二〇〇〇
「江上波夫と内モンゴルのオロン・スム遺跡調査」横浜ユーラシア文化館編『オロン・スム―モンゴル帝国のキリスト教遺跡』二〇〇三
中村淳
「チベットとモンゴルの邂逅―遥かなる後世へのめばえ」『岩波講座　世界歴史Ⅱ―中央ユーラシアの統合』121～146頁　一九九七
西田龍雄
『西夏王国の言語と文化』岩波書店　一九九七
ハイシッヒ

『モンゴルの歴史と文化』岩波書店　二〇〇〇（一九六七）
服部四郎
「オロンスム出土の蒙古語文書について」『東方学報』11・2　一九四〇
「江上波夫君と私―オロンスム出土の蒙古語文書のことなど」江上波夫教授古稀記念事業会編『江上波夫教授古稀記念論集』一九七六
橋本光寶
『蒙古の喇嘛教』佛教公論社　一九四二
バトバヤル・Ts
『モンゴル現代史』（芦村京　田中克彦訳）明石書店　二〇〇二
福田洋一・石濱裕美子
『西藏佛教宗義研究』（四）財団法人　東洋文庫　一九八六
ボルジギン・ブレンサイン
「九世パンチェン＝エルデニの東部内モンゴル歴訪と奉天当局の対応―モンゴル、チベット、中国三者関係の構造をめぐる事例研究として」『日本モンゴル学会紀要』31　二〇〇一
「チベット自治区博物館蔵五言語合璧『如来大寶法王普度大斎長巻画』（1407年）のモンゴル語テキストについて」『大谷学報』82・4　二〇〇四
松田孝一
「オロン・スメの発見と歴史」横浜ユーラシア文化館編『オロン・スメモンゴル帝国のキリスト教遺跡』59～62頁　横浜ユーラシア文化館　二〇〇三

宮紀子
『モンゴル時代の出版文化』名古屋大学出版会　二〇〇六
宮脇淳子
『モンゴルの歴史―遊牧民の誕生からモンゴル国まで』刀水書房　二〇〇二
森川哲雄
「オルドス部の清朝帰順をめぐって」『歴史学・地理学年報』14　一九九〇
『モンゴル年代記』白帝社　二〇〇七
護雅夫
『古代遊牧帝国』中公新書　一九七六
山口瑞鳳
『チベット』（下）東京大学出版会　一九八八
楊海英
「オルドス・モンゴルの祖先祭祀―末子トルイ・エジン祭祀と八白宮の関連を中心に」『国立民族学博物館研究報告』21・3　一九九六
「『チンギス・ハーンの二頭の駿馬』について―写本と口頭伝承の比較を中心に」『国立民族学博物館研究報告』24・3　一九九九
「アルブス山とチンギス・ハーン」『静岡大学人文学部人文論集』51・1　二〇〇〇
『草原と馬とモンゴル人』日本放送出版協会　二〇〇一
「モンゴルにおけるアラク・スゥルデの祭祀について」『アジア・アフリカ言語文化研究』61

二〇〇一
『オルドス・モンゴル族オーノス氏の写本コレクション』（JCAS Occasional paper 13）国立民族学博物館・地域研究企画交流センター　二〇〇二
『チンギス・ハーン祭祀―試みとしての歴史人類学的再構成』風響社　二〇〇四
「比利時王国所蔵蒙古文手写本」『アジア研究』2　二〇〇六
「アルジャイ石窟の継承寺バンチン・ジョーの調査報告―〈威儀奉行の報告〉という写本を中心に」楊海英編『シルクロード草原の道におけるアルジャイ石窟の歴史と文化―国際シンポジウム2007年3月27日　記録集』静岡大学人文学部　二〇〇七
『モンゴルのアルジャイ石窟』風響社　二〇〇八
『墓標なき草原―内モンゴルにおける文化大革命・虐殺の記録』岩波書店　二〇〇九
『モンゴル人の中国革命』筑摩書房　二〇一八
「モンゴル国から収集したモンゴル語写本・木版本目録（中間報告書）」静岡大学人文社会科学部アジア研究センター『アジア研究』第15号　二〇二〇
「描かれた神、呪われた復活」松原正毅編『中央アジアの歴史と現在』勉誠出版　二〇二〇
『モンゴル帝国―草原のダイナミズムと女たち』講談社現代新書　二〇二四
楊海英編
『モンゴル人ジェノサイドに関する基礎資料3―打倒ウラーンフー（烏蘭夫）』風響社　二〇一一
『『十善福白史』と『輝かしい鏡』―オルドス・モンゴルの年代記』風響社　二〇一八
『モンゴルの仏教寺院―毛沢東とスターリンが創出した廃墟』風響社　二〇二一

楊海英　近衛飛鳥共編
『モンゴル伝統医学に関する木版本と手写本』風響社　二〇一三
吉田順一他（共訳注）
『《アルタン＝ハーン伝》訳注』風間書房　一九九八
ラティモア
『中国と私』（磯野富士子編・訳）みすず書房　一九九二
若松寛（訳）
『ゲセル・ハーン物語―モンゴル英雄叙事詩』平凡社　一九九三

本書は二〇〇五年三月、平凡社発行の「モンゴル草原の文人たち」を改題、改訂いたしました。

装　幀　伏見さつき
DTP　佐藤　敦子

文庫版のあとがき

長年にわたってユーラシア東部で調査研究してきて分かったことがある。モンゴルと日本の民間ほど豊富な手写本（古文書）を保管している社会はほかにない。手写本を生産するには、いくつかの条件が必要である。

第一に、識字率が高いこと。第二に、言論と表現の自由が保障されていること。第三に、書かれたものに対し敬意をはらい、それを後世に伝えようとする堅い意志が定着していること、である。この三つの条件はモンゴル人社会と日本に定着して長いが、中国などにはない。

比較のために指摘しておくと、中国には印刷の文化はある。その印刷業を牛耳っているのは歴代の王朝すなわち政府であった。政府は決して支配者の意向に反した書物や、批判的な思想の流布を許さなかった。読み書きができて、晴れて科挙の試験に合格し出世した少数の者は当然、政府の役人に任命され、朝廷の使用人となるので、権力礼賛と支配者に媚びる印刷物がほとんどである。科挙に合格した者も極少数の裕福な人で、庶民とは無縁だった。印刷された書物を読み、字が書ける者は、そうでない人々を自分と同じ人間とは見ていなかった。中国が標榜する「文化人」や「文明」人とは、一握りの読書人だけであった。

モンゴルなどユーラシアの遊牧民は異なった。

貴族階級以外の庶民も読み書きができただけでなく、貴族や王などに対し皮肉をいったり、辛辣な批判を浴びせたりしてきた事実を本書は示してきた。批判された方も苦笑いし、我慢し、統治方法を改革するしかなかった。中国のように、支配者が被支配者に対してすぐに暴力をふるい、その命まで簡単にうばうことなどありえなかった。管見の限り、日本も同様ではなかったか。こうした権利こそが、本当の意味での言論の自由と社会の文化的成熟であろう。

遊牧民のモンゴルは尚武の民族であった。しかし、同時にまたユーラシア屈指の「尊文」すなわち文化と文明、知識を尊崇する民族でもある事実が、本書であらためて証明されたと自負している。近世日本の寺小屋と同じ、遊牧民は自分の天幕内で子供たちに読み書きを教えてきた。遊牧民は無学の「野蛮な禽獣」同然の存在だ、と二千年も前から数々の汚名で以て相手を表現してきた中国の書物は、自身の前近代性を隠蔽するためにおこなってきた「政治工作の道具」であったと断じてよかろう。

日本は二〇世紀初頭の日露戦争中にモンゴル人と出会った。それ以来、多くの日本人研究者もロシア人や西洋からの学者に後れを取らないようモンゴル社会に入って調査研究を実施してきた。西洋のモンゴル学と比べると、日本の研究者は自身が執筆した報告書類を偏重し、調査対象者のモンゴル人が書き残した古い文献にさほど関心を示さなかったのではないか。そのためか、日本の研究者のモンゴルに注ぐ視線はどうしても「漢籍的」で、中国に近いところがあるのは否めない。その「中国的視点」が、日本のモンゴル研究の一層の発展の阻害要因となっている、といわざるを得ない。この障碍を取りはらうためには、本書で紹介したような、対象社会の古い文献が読めるように努力しなければならない。モンゴルを短期間訪問し、少しばかりインタビューしただけでは、モンゴル研究したことにならない。

モンゴルの古い文献と長い歴史がいま、宿敵の中国によって抹消されつつある。内モンゴル自治区にくらすモンゴル人の歴史と文化について研究し、著述する際もかならず、「中国蒙古族《メングーズー》」との政治的用語をつけくわえないと、公開できない。日本との関係や中国による統合に抵抗した歴史、それに文化大革命中の大量虐殺など、すべてなかったことにしようとしている。二〇二〇年夏にはさらにモンゴル語教育を逐次廃止する政策まで登場し、全世界のモンゴル人の激しい抗議をうけたにもかかわらず、二〇二四年秋からその文化抹消政策、文化的ジェノサイドは強行された。東トルキスタン（新疆）のウイグル人に対しては肉体的に消滅しようとしているのに対し、モンゴル人に対しては中国人に同化させようと企んでいる。

しかし、豊富な文献と抗争の歴史を有するモンゴル民族は簡単にあきらめない。本書の主人公たちが創りあげた歴史の精神は継承されていくにちがいない。このような本書の学術的意義を評価し、文庫に加えてくださった潮書房光人新社の方々に心から感謝の意を表したい。

二〇二四年秋

楊　海英

産経NF文庫

モンゴル草原の歴史戦
二〇二四年十二月十九日 第一刷発行
著　者　楊　海英
発行者　赤堀正卓
発行・発売　株式会社　潮書房光人新社
〒100-8077　東京都千代田区大手町一-七-二
電話／〇三-六二八一-九八九一(代)
印刷・製本　中央精版印刷株式会社
定価はカバーに表示してあります
乱丁・落丁のものはお取りかえ致します。本文は中性紙を使用
ISBN978-4-7698-7072-2 C0195
http://www.kojinsha.co.jp

産経NF文庫の既刊本

中国人とモンゴル人

楊　海英

いまだ消え去らないジェノサイド！　他民族弾圧の横暴！　ウイグル、チベット、モンゴル……同化政策を強化し、民族の絶滅を図る中国共産党の謀略！　内モンゴル出身でモンゴル研究の第一人者が、自らの民族に対する中国の暗黒の歴史を第一次資料に基づき理論的につづった労作。

定価1034円（税込）　ISBN 978-4-7698-7033-3

中国人の少数民族根絶計画

楊　海英

香港では習近平政権に対する大きな抗議活動が続き、「改造」政策に対する懸念が広がる。さらに内モンゴル、チベット、ウイグルへの中国の少数民族弾圧は凄まじさを呈している。内モンゴルに生まれ、中国籍を拒絶した文化人類学者が中国新植民地政策に対して警告する。

定価913円（税込）　ISBN 978-4-7698-7019-7